JN223338

消費税 飲食料品 取扱関連
事業者のための

軽減税率
取扱いの実務

アースタックス税理士法人 税理士 **島添 浩** 著

清文社

はじめに

　平成 24 年に 3 党合意による『社会保障と税の一体改革』に基づき消費税法が改正され、平成 26 年 4 月 1 日に消費税率が 5% から 8% に引き上げられました。なお、当時の改正消費税法においては、消費税率の 2 段階引上げを前提としており、平成 27 年 10 月 1 日から消費税率は 10% へ引き上げられる予定でしたが、2 段階目の引上げについては、経済状況等を総合的に勘案し、増税の時期を延期することを規定している景気条項に基づき、10% への引上げ時期を平成 29 年 4 月 1 日とし、1 年半延期することとなりました。

　さらに、平成 28 年度の税制改正において、平成 29 年 4 月 1 日の消費税率の 10% 引上げと同時に、低所得者への配慮という観点から、飲食料品の譲渡と新聞の譲渡を対象とする軽減税率制度を導入することが決定されました。

　なお、平成 28 年度の税制改正においては、軽減税率制度導入の 4 年後を施行日として、複数税率に対応した仕入税額控除の方式として適格請求書等保存方式（いわゆるインボイス制度）を導入することも決定されました。

　しかしながら、平成 28 年 11 月において、世界経済が不透明感を増している、増税すれば内需を腰折れさせかねないなどの理由から、消費税率の 10% 引上げ及び軽減税率制度の施行日を平成 31 年 10 月 1 日と再度 2 年半の延期を行いました（インボイス制度は、その 4 年後の平成 35 年 10 月 1 日を施行日とされました）。

　このように近年の消費税については、施行日の変更、消費税率の引上げ、軽減税率制度の導入、インボイス制度の導入と様々な改正が行われることとなり、これらに対応するため事業者側の事務負担等が増大することが想

定されます。

　そこで、本書では、様々な対応が求められる消費税率の引上げ、軽減税率制度、インボイス制度について、その規定の内容を確認し、企業側が直面する留意点や疑問点を数多く取り挙げ、その実務対応策も踏まえて解説していきます。

　特に、軽減税率の対象となる飲食料品を取り扱う事業者が注意すべき論点を中心に確認していきます。

　第1章では、軽減税率制度の概要を確認した上で、軽減税率対象品目の具体的内容、軽減税率制度導入後の消費税の計算方法、区分記載請求書等の記載方法、軽減税率制度の導入に伴う事前対策について解説します。

　第2章では、軽減税率制度の導入によってどのような企業が影響を受けるのか、また、それらの企業が軽減税率制度導入後にどのような点に注意が必要なのかなど、特に、飲食料品を販売・加工する事業者、外食事業を行っている事業者が注意しなければならない論点をQ&A形式で解説していきます。

　第3章では、平成35年10月1日に施行されるインボイス制度について、その概要を確認した上で、インボイスを発行することができる適格請求書発行事業者の登録手続き、適格請求書等の記載方法、インボイス制度導入後の消費税の計算方法など、インボイス制度導入前に理解しておかなければならない論点を中心に解説します。

　このように本書では、今後の消費税実務に多大な影響を及ぼす軽減税率制度やインボイス制度を一般的な規定も踏まえた上で、実務上で対応しなければならない事項を中心に詳細な解説を加えています。

　今後の消費税実務において、事業者ごとに抱えている様々な課題につき解消の手助けになれば幸いです。

平成30年10月

税理士　**島添　浩**

第2章　軽減税率制度に関するQ＆A

業種別の適用税率

飲食料品の留意点

第 3 章　インボイス制度

（注）本書の内容は、平成 30 年 10 月 1 日現在の法令等による。なお、本書で用いている元号表示を西暦で表記すると次のとおりとなる。

平成 31 年	2019 年	平成 35 年	2023 年	平成 39 年	2027 年	平成 43 年	2031 年
平成 32 年	2020 年	平成 36 年	2024 年	平成 40 年	2028 年		
平成 33 年	2021 年	平成 37 年	2025 年	平成 41 年	2029 年		
平成 34 年	2022 年	平成 38 年	2026 年	平成 42 年	2030 年	平成 49 年	2037 年

◆凡例

新消法……………………所得税法等の一部を改正する法律（平成30年法律第 7 号）、
所得税法等の一部を改正する法律（平成28年法律第15号）に
よる改正後の消費税法

新消令……………………消費税法施行令等の一部を改正する政令（平成30年政令第135
号）、消費税法施行令等の一部を改正する政令（平成28年政令
第148号）による改正後の消費税法施行令

新消規……………………消費税法施行規則等の一部を改正する省令（平成30年財務省
令第18号）による改正後の消費税法施行規則

基本通達…………………消費税法基本通達

軽減通達…………………消費税の軽減税率制度に関する取扱通達の制定について

インボイス通達…………消費税の仕入税額控除制度における適格請求書等保存方式に
関する取扱通達

抜本改革法………………社会保障の安定財源の確保等を図る税制の抜本的な改革を行うた
めの消費税法の一部を改正する等の法律（平成24年法律第68号）

抜本改革法等改正法……社会保障の安定財源の確保等を図る税制の抜本的な改革を行
うための消費税法の一部を改正する等の法律等の一部を改正
する法律（平成28年法律第85号）

消費税転嫁対策特措法…消費税の円滑かつ適正な転嫁の確保のための消費税の転嫁を
阻害する行為の是正等に関する特別措置法

QA個別問 ………………消費税の軽減税率制度に関するQ&A（個別事例編）（平成28
年 4 月（平成30年 1 月改訂））

電帳法……………………電子計算機を使用して作成する国税関係帳簿書類の保存方法
等の特例に関する法律（平成10年法律第25号）

景品表示法………………不当景品類及び不当表示防止法

風営適正化法……………風俗営業等の規制及び業務の適正化等に関する法律

※消費税法57の 2 ⑩一　消費税法第57条の 2 第10項第 1 号

序章

軽減税率制度の狙いと経緯

我が国において、消費税が平成元年に導入されて以来、消費税率が3%、5%、8%と引き上げられてきましたが、平成31年10月1日には、10%に引き上げられることとなり、ついに税率が2桁にまで到達することとなりました。さらに、今回の10%引上げについては、軽減税率制度の導入も同時に実施されることとなり、一定の飲食料品及び新聞の譲渡につき軽減税率である8%を適用し、消費税率が単一税率から複数税率に変更され、消費税の経理実務に多大な負担を強いることとなりました。

　この軽減税率制度が導入される経緯については、平成24年8月に3党合意のもとに制定された『社会保障の安定財源の確保等を図る税制の抜本的な改革を行うための消費税法の一部を改正する等の法律』（平成24年法律第68号。以下「抜本改革法」といいます）によるもので、この法律により消費税の収入の使途を社会保障費に充当することを明確化し、消費税率を5%から8%、10%と2段階で実施することが定められ、この際に検討課題として軽減税率制度が取り上げられました。これは、消費税が消費一般に対して広く負担を求めるという観点から水平的な公平性は確保されるものの収入に占める消費税の負担割合は低所得者ほど高くなるという、いわゆる逆進性の問題が生じることから、消費税率の引上げに伴う低所得者への配慮として軽減税率が検討され、今回の10%引上げに伴い軽減税率制度が導入されることとなりました。

　なお、抜本改革法では、軽減税率制度の導入を検討課題として取り上げられたにすぎず、消費税率の10%引上げの方が先に実施される予定でしたが、平成26年4月1日に第一段階の8%引上げが実施された後に、経済状況を総合的に勘案して税率引上げを実施するという景気判断条項に基づき10%引上げの時期が1年半延期（平成27年10月1日を平成29年4月1日へ変更）されることとなり、その後の平成28年度税制改正にて軽減税率制度の導入を決定しました。

平成 28 年度の税制改正においては、複数税率制度の下で適正な課税を確保する仕組みとして「適格請求書等保存方式」(いわゆるインボイス制度)を軽減税率制度導入の 4 年後に実施することも定められました。

　しかしながら、平成 28 年度税制改正後の平成 28 年 6 月に、安倍首相は再度 2 年半延期 (平成 29 年 4 月 1 日から平成 31 年 10 月 1 日へ変更) することを表明し、それに伴って平成 28 年 11 月に「社会保障の安定財源の確保等を図る税制の抜本的な改革を行うための消費税法の一部を改正する等の法律等の一部を改正する法律」(平成 28 年法律第 85 号。以下「抜本改革法等改正法」といいます) が成立し、現在に至ります。

　このように紆余曲折を経ながら消費税率 10% の引上げ、軽減税率制度、インボイス制度の導入が定められましたが、おそらく今回は、社会保障費の増大という喫緊の問題を解決するために消費税率引上げの本来の目的である社会保障費に充当するという観点から考えると平成 31 年 10 月 1 日に施行されることが想定されます。

【　軽減税率制度導入までの経緯 (時系列)　】
　イ　平成 24 年 8 月抜本改革法が成立
　　　平成 26 年 4 月 1 日に 8%、平成 27 年 10 月 1 日に 10% と 2 段階の消費税率引上げを決定。(軽減税率制度の導入については検討課題)
　ロ　平成 26 年 4 月 1 日に消費税率の 8% 引上げを実施
　ハ　平成 26 年 11 月に安倍首相が消費税率の 10% 引上げの時期を平成 29 年 4 月 1 日に延期することを表明
　ニ　平成 27 年度の税制改正
　　　平成 27 年 10 月 1 日の施行日を平成 29 年 4 月 1 日に延期。(景気判断条項については規定を削除。軽減税率制度の導入に向けた詳細な内容の検討を実施)

ホ　平成 28 年度の税制改正

　　平成 29 年 4 月 1 日の 10% 引上げ時に軽減税率制度の導入を決定。(その 4 年後にインボイス制度の導入も決定)

ヘ　平成 28 年 6 月に安倍首相が消費税率の 10% 引上げ及び軽減税率制度の導入の施行日を平成 31 年 10 月 1 日に延期することを表明

ト　平成 28 年 11 月抜本改革法等改正法が成立

　　消費税率引上げ及び軽減税率制度の実施時期を平成 31 年 10 月 1 日、適格請求書等保存方式（いわゆるインボイス制度）の導入を平成 35 年 10 月 1 日に延期することが決定。

第1章

軽減税率制度

軽減税率制度の概要

1　内容

　平成 31 年 10 月 1 日を施行日とする消費税率 10% への引上げに伴い、低所得者に配慮する観点から、酒類・外食を除く飲食料品及び週 2 回以上発行される新聞の購読料については、軽減税率（8%）を適用することとなりました。（新消法附則 34 ①）

　また、複数税率制度に対応した仕入税額控除の方式として、適格請求書等保存方式（いわゆる「インボイス制度」）を平成 35 年 10 月 1 日から導入することとし、平成 31 年 10 月 1 日からの 4 年間は経過措置として、現行の請求書等保存方式を基本的に維持した『区分記載請求書等保存方式』によることとしました。（新消法附則 34 ②）

　なお、売上げや仕入れを軽減税率と標準税率に区分することが困難な中小事業者に対して、売上げや仕入れの一定割合を軽減税率に係るものとして税額計算をすることができる売上税額及び仕入税額の計算の特例という経過措置規定を設けています。（新消法附則 38、39、40）

2　適用税率

　軽減税率の適用税率は、国税 6.24%、地方税 1.76% の合計 8% となります。なお、現行の消費税率 8% については、国税 6.3%、地方税 1.7% の合計であり、国税と地方税の比率が異なる点に注意が必要です。

	平成9年4月〜 平成26年3月	平成26年4月〜 平成31年9月	平成31年10月〜	
			軽減税率	標準税率
消費税	4.0%	6.3%	6.24%	7.8%
地方消費税	1.0%^{（※1）}	1.7%^{（※2）}	1.76%^{（※3）}	2.2%^{（※3）}
合計	5.0%	8.0%	8.0%	10.0%

（※1）消費税額の 25/100　　（※2）消費税額の 17/63
（※3）消費税額の 22/78

③ 軽減税率の対象

軽減税率は、次の（1）及び（2）の品目の譲渡を対象としています。

（1） 飲食料品

軽減税率の対象となる飲食料品とは、食品表示法に規定する食品（酒類を除く）をいい、一定の一体資産を含みます。なお、外食やケータリング等は対象に含まれません。

（2） 新聞等

軽減税率の対象となる新聞とは、一定の題号を用い、政治、経済、社会、文化等に関する一般社会的事実を掲載する週2回以上発行されるもの（定期購読契約に基づくもの）をいいます。

④ 区分記載請求書等保存方式

軽減税率制度の実施に伴い、消費税等の税率が軽減税率（8%）と標準税率（10%）の複数税率になることから、事業者は、消費税等の申告・納税を行うために、取引を税率の異なるごとに区分して記帳するなどの経理（以下「区分経理」といいます）を行う必要があります。

また、これまでも消費税の仕入税額控除を適用するためには、帳簿及び

請求書等の保存が要件とされていましたが、平成 31 年 10 月 1 日以降は、こうした区分経理に対応した帳簿及び請求書等（『区分記載請求書等』）の保存が要件となります。

　なお、平成 35 年 10 月 1 日以降は、インボイス制度の導入により『適格請求書等』の保存が要件となります。

【　区分記載請求書等の記載事項　】

　イ　発行者の氏名又は名称

　ロ　取引年月日

　ハ　取引の内容

　ニ　受領者の氏名又は名称

　ホ　軽減税率の対象品目である旨　　追加

　　　軽減税率の対象となる商品に「※」印等の記号を表示し、別途「※は軽減対象」と明記します。

　ヘ　税率ごとに区分して合計した対価の額（税込）　　追加

（注）　「軽減税率の対象品目である旨」の記載は、売り手と買い手の双方が、何が軽減税率適用対象の商品かわかるのであれば、「※」印等を付す方法以外にも、例えば、適用税率ごとに請求書を分け、それぞれの請求書に税率を明記する方法なども認められます。

5 税額計算の特例

　軽減税率制度では、複数税率となることから、区分経理に基づき、税率ごとに税額計算を行うこととなります。（新消法附則 34 ②）

　なお、区分経理を行うことが困難な中小事業者（基準期間における課税売上高が 5,000 万円以下の事業者をいいます）には、経過措置として、小売等軽減仕入割合や軽減売上割合などの売上税額の計算の特例、小売等軽減売上割合や簡易課税制度の届出の特例などの仕入税額の計算の特例が設けられています。（新消法附則 38 ①②④、39 ①、40 ①）

【 消費税率 10% 引上げに伴う改正時期等 】

			施行日等
10% 税率引上げ時期			平成 31 年 10 月 1 日
軽減税率制度	施行日		平成 31 年 10 月 1 日
	仕入税額控除の方式	区分記載請求書等保存方式	平成 31 年 10 月 1 日〜平成 35 年 9 月 30 日
		適格請求書等保存方式	平成 35 年 10 月 1 日〜
	税額計算の特例の適用期間	売上税額の特例(中小事業者)	平成 31 年 10 月〜平成 35 年 9 月末
		仕入税額の特例(中小事業者)	平成 31 年 10 月〜平成 32 年 9 月末

第2節　軽減税率の対象範囲

　課税資産の譲渡等のうち以下に掲げるものについては、軽減税率を適用します。

　また、保税地域から引き取られる課税貨物のうち、下記（1）の飲食料品に該当するものについても軽減税率を適用します。

(1)　飲食料品の譲渡

　軽減税率の対象となる飲食料品とは、食品表示法第2条第1項に規定する食品（酒税法に規定する酒類を除く）をいい、食品と食品以外の資産が一の資産を形成し、又は構成している一定の資産（一体商品）を含みます。

　ただし、次に掲げるものを除きます。

　イ　飲食店業等を営む者が行う食事の提供（テーブル、椅子、カウンターその他の飲食に用いられる設備のある場所において飲食料品を飲食させる役務の提供をいい、当該飲食料品を持ち帰りのための容器に入れ、又は包装を施して行う譲渡は、含まないものとする）

　ロ　課税資産の譲渡等の相手方が指定した場所において行う加熱、調理又は給仕等の役務を伴う飲食料品の提供（有料老人ホームなどの施設において行う飲食料品の提供を除く）

(2)　新聞等の譲渡

　軽減税率の対象となる新聞等とは、政治、経済、社会、文化等に関する新聞（1週に2回以上発行するものに限る）で定期購読契約に基づくものをいいます。

1 飲食料品の対象範囲

(1) 飲食料品の意義

　軽減税率の対象となる飲食料品の譲渡は、人の飲用又は食用に供されるものをいい、工業用として販売される塩、観賞用や栽培用として取引される植物及びその種子などで、人の飲用又は食用以外の用途で販売されるものは該当しません。

　食品表示法に規定する食品とは、酒税法に規定する「酒類」、「医薬品、医療機器等の品質、有効性及び安全性の確保等に関する法律」に規定する「医薬品」「医薬部外品」及び「再生医療等製品」を除き、食品衛生法に規定する「添加物」を含めることとなります。

　また、食品と食品以外の資産が一体として販売されるもの（あらかじめ一の資産を形成し又は構成しているもので、その資産に係る価格のみが提示されているもの。以下「一体資産」という）のうち、一定の要件を満たすものも飲食料品に含まれます。

　ただし、外食による飲食料品の提供（食品衛生法施行令に規定する飲食店営業及び喫茶店営業並びにその他の飲食料品をその場で飲食させる事業を営む者がテーブル・椅子等の飲食に用いられる設備がある場所において、飲食料品を飲食される役務の提供）及びケータリング・出張料理等による飲食料品の提供（相手方の指定した場所において行う加熱、調理又は給仕等の役務を伴う飲食料品の提供）については、軽減税率の対象とはならず標準税率である 10% が適用されます。

　なお、軽減税率が適用されるかどうかの判断基準は、販売する事業者が課税資産の譲渡等を行う時点（販売時）で、人の飲用又は食用に供されるものとして譲渡した場合には、顧客がそれ以外の目的で購入し、使用した

としても軽減税率の対象となります。

(2) 飲食料品の具体例

軽減税率の対象となる飲食料品は、人の飲用又は食用となる以下のようなものが該当します。

イ 米穀、野菜、果実などの農産物

（注1） コーヒーの生豆の販売（（QA 個別問 5）

　　　人の飲用又は食用に供されるコーヒーの生豆は、「食品」に該当し、その販売は軽減税率の適用対象となります。

（注2） 籾の販売（QA 個別問 6）

　　　人の飲用又は食用に供される籾は、「食品」に該当し、その販売は軽減税率の適用対象となります。なお、人の飲用又は食用に供されるものではない「種籾」として販売される籾は、「食品」に該当せず、その販売は軽減税率の適用対象となりません。

ロ 食肉、生乳、食用鳥卵などの畜産物

（注1） 生きた畜産物の販売（QA 個別問 2）

　　　肉用牛、食用豚、食鳥等の生きた家畜は、その販売時点において、人の飲用又は食用に供されるものではないことから、「食品」に該当せず、その販売は軽減税率の適用対象となりません。

　　　なお、これらの家畜の枝肉は、人の飲用又は食用に供されるものであり、その販売は軽減税率の適用対象となります。

（注2） 家畜の飼料、ペットフードの販売（QA 個別問 4）

　　　人の飲用又は食用に供されるものではない牛や豚等の家畜の飼料やペットフードは、「食品」に該当せず、その販売は軽減税率の適用対象となりません。

ハ 魚類、貝類、海藻類などの水産物

（注1） 水産物の販売（鮮魚の販売）（（QA 個別問 3）

　　　人の飲用又は食用に供される活魚は「食品」に該当し、その販売は軽減税率の適用対象となります。なお、生きた魚であっても熱帯魚などの観賞用の魚は、「食品」に該当せず、その販売は軽減税率の適用対象となりません。

ニ 麺類・パン類

ホ 菓子類

（注1） 果物の苗木及びその種子の販売（QA 個別問 7）

　　　果物の苗木など栽培用として販売される植物及びその種子は、「食品」に該当せず、その販売は軽減税率の適用対象となりません。

なお、種子であっても、おやつや製菓の材料用など、人の飲用又は食用に供されるものとして販売されるかぼちゃの種などは、「食品」に該当し、その販売は軽減税率の適用対象となります。

ヘ　調味料

(注1)　みりん、料理酒、調味料の販売（QA 個別問 13)

　みりんや料理酒が酒税法に規定する酒類に該当するものであれば、その販売は軽減税率の適用対象となりません。なお、酒税法に規定する酒類に該当しないみりん風調味料（アルコール分が一度未満のものに限ります）については、「飲食料品」に該当することから軽減税率の適用対象となります。

ト　飲料等

(注1)　水の販売（QA 個別問 8)

　人の飲用又は食用に供されるものである、いわゆるミネラルウォーターなどの飲料水は、「飲食料品」に該当し、その販売は軽減税率の適用対象となります。

　なお、水道水は、炊事や飲用のための水と、風呂、洗濯といった飲食用以外の生活用水として供給されるものが一体となって提供されており、軽減税率の適用対象となりません。

(注2)　氷の販売（QA 個別問 9)

　人の飲用又は食用に供されるものであるかき氷に用いられる氷や飲料に入れて使用される氷などの食用氷は、「食品」に該当し、その販売は軽減税率の適用対象となります。

　なお、ドライアイスや保冷用の氷は、軽減税率の適用対象となりません。

(注3)　ノンアルコールビール、甘酒の販売（QA 個別問 14)

　ノンアルコールビールや甘酒など酒税法に規定する酒類に該当しない飲料については、「飲食料品」に該当し、その販売は軽減税率の適用対象となります。

(注4)　酒類を原料とした菓子の販売（QA 個別問 15)

　酒類を原料とした菓子であっても、その菓子が酒税法に規定する酒類に該当しないものについては、「飲食料品」に該当し、その販売は軽減税率の適用対象となります。

(注5)　日本酒を製造するための米の販売（酒類の原料となる食品販売）（QA 個別問 16)

　日本酒を製造するための原材料の米は、酒類ではなく人の飲用又は食用に供される「食品」に該当することから、その販売は軽減税率の適用対象となります。

(注6)　栄養ドリンク（医薬部外品）の販売（QA 個別問 21)

　医薬品、医薬部外品及び再生医療等製品（以下「医薬品等」）は、「食品」に該当しません。

　したがって、医薬品等に該当する栄養ドリンクの販売は軽減税率の適用対象となりません。

　なお、医薬品等に該当しない栄養ドリンクは、「食品」に該当し、その販売は軽減税率の適用対象となります。

チ　製造又は加工された食品

(注1)　賞味期限切れの食品の廃棄（QA 個別問 10）
　　賞味期限切れの「食品」を廃棄するために譲渡する場合は、人の飲用又は食用に供されるものとして譲渡されるものではないことから、軽減税率の適用対象となりません。

(注2)　食品の原材料となる酒類の販売（（QA 個別問 12）
　　食品の原材料となるワインなどであっても、酒税法に規定する酒類は、軽減税率の適用対象となりません。

(注3)　健康食品、美容食品等の販売（QA 個別問 22）
　　特定保健用食品、栄養機能食品、健康食品、美容食品などの人の飲用又は食用に供される特定保健用食品、栄養機能食品は、医薬品等に該当しないことから「食品」に該当し、また、人の飲用又は食用に供されるいわゆる健康食品、美容食品も、医薬品等に該当しないものであれば、「食品」に該当し、それらの販売は軽減税率の適用対象となります。

リ　添加物（食品衛生法に規定するもの）

(注1)　金箔の販売（QA 個別問 18）
　　食品衛生法に規定する「添加物」として販売される金箔は、「食品」に該当し、その販売は軽減税率の適用対象となります。

(注2)　食用、清掃用の重曹の販売（QA 個別問 19）
　　人の飲用又は食用に供されるものである食品添加物として販売される重曹は、「食品」に該当し、その販売は軽減税率の適用対象となります。なお、重曹を食用及び清掃用に使用することができるものとして販売している場合でも軽減税率の適用対象となります。

(注3)　化粧品メーカーへの添加物の販売（QA 個別問 20）
　　食品衛生法に規定する添加物を化粧品メーカーに販売した場合には、軽減税率の適用対象となります。なお、その添加物を化粧品メーカーが化粧品の原料とする場合であっても添加物を「食品」として販売したのであれば軽減税率の適用対象となります。

(3)　飲食料品の留意点

❶　果物狩り、潮干狩り、釣り堀の入園料等（QA 個別問 27）

　果樹園での果物狩りの入園料は、顧客に果物を収穫させ、その果物をその場で飲食させるといった役務の提供に該当することから、軽減税率の適用対象となりません。なお、収穫した果物について別途対価を徴収している場合のその果物の販売は、軽減税率の適用対象となります。

　また、潮干狩りや釣り堀等についても、同様の取扱いとなります。

❷ 自動販売機の取扱い（QA 個別問 28）

　自動販売機により行われるジュース、パン、お菓子等の販売は、飲食料品を飲食させる役務の提供を行っているものではなく、単にこれらの飲食料品を販売するものであることから軽減税率の適用対象となります。

❸ 通信販売による飲食料品の販売（QA 個別問 29）

　インターネット等を利用した通信販売であっても、販売する商品が「飲食料品」に該当する場合には、「飲食料品の譲渡」に該当し、軽減税率の適用対象となります。

> （注）　平成 31 年 4 月 1 日前にその販売価格の条件を提示し、又は提示する準備を完了した場合において、平成 31 年 10 月 1 日前に申込みを受け、提示した条件にしたがって平成 31 年 10 月 1 日以後に行われる商品の販売については、通信販売に係る経過措置が設けられていますが、「飲食料品の譲渡」には、この経過措置は適用されず、軽減税率が適用されます。

❹ 飲食料品の譲渡に要する送料（QA 個別問 32）

　飲食料品の譲渡に要する送料は、飲食料品の譲渡の対価ではないことから、軽減税率の適用対象となりません。なお、送料込みの商品の販売など、別途送料を求めない場合、その商品が「飲食料品」に該当するのであれば、全て軽減税率の適用対象となります。

❺ カタログギフトの販売（QA 個別問 30）

　カタログギフトの販売は、贈与者による商品の贈答を代行すること（具体的には、様々な商品を掲載したカタログを提示するとともに受贈者の選択した商品を手配する一連のサービス）を内容とする役務の提供になることから飲食料品の譲渡に該当せず、軽減税率の適用対象となりません。

　なお、食品のみを掲載するカタログギフトの販売であっても、同様の理由から軽減税率の適用対象となりません。

❻ レストランへの食材の販売（個別 QA 問 31）

　レストランが、店内飲食用の料理にその食材を利用した場合、レストランが行う食事の提供は軽減税率の対象ではなく「外食」となりますが、食

品販売業者がレストランへ食材を販売した場合には、「飲食料品の譲渡」に該当し、軽減税率の適用対象となります。

2 一体資産の取扱い

(1) 一体資産の定義

　一体資産とは、おもちゃ付のお菓子やコーヒーとカップが一緒になっているコーヒーギフトセットなど、あらかじめ軽減税率の適用対象である食品（酒類を除く）と食品以外の資産が一の資産を形成し又は構成しているもので、一体資産としての価格のみが提示されているものをいいます。

　一体資産は、原則として、軽減税率の適用対象外となりますが、次のいずれの要件も満たす場合は、飲食料品として、その譲渡全体につき軽減税率が適用されます。（新消法附則34①一、新消令附則2）なお、これに該当しない場合には、その資産の全てが標準税率となります。

　イ　一体資産の譲渡の対価の額（税抜価額）が1万円以下であること

　ロ　一体資産の価額のうちに当該一体資産に含まれる食品に係る部分の価額の占める割合として合理的な方法により計算した割合[※]が3分の2以上であること

[※]　事業者の販売する商品や販売実態等に応じ、例えば、次の割合など、事業者が合理的に計算した割合であれば、これによって差し支えありません。（軽減通達5）
　　　なお、原価の占める割合により計算を行う場合において、その原価が日々変動するなど、その割合の計算が困難なときは、前課税期間における原価の実績等により合理的に計算することが認められています。（売価又は原価と関係のない重量・表面積・面積等といった基準により計算した割合は、認められない）
　　（イ）　一体資産の譲渡に係る売価のうち、合理的に計算した食品の売価の占める割合
　　（ロ）　一体資産の譲渡に係る原価のうち、合理的に計算した食品の原価の占める割合

(2) 一体資産の具体例

当社は、コーヒーとカップを一体の商品として販売しています。その販売価格は 1,000 円（税抜）としており、コーヒーとカップのそれぞれの価格は表示していません。

この場合において、消費税率はどのようになりますか。なお、その商品の仕入価格は、コーヒー 500 円（税込）、カップ 200 円（税込）となっています。

【　解説　】

原価の占める割合は以下のようになります。

$$\frac{500\,円（コーヒーの原価）}{700\,円（全体の原価）} \fallingdotseq 71.4\% \geqq 3\,分の\,2\,(66.666\cdots\%)$$

⊙ 一体資産の要件

- 一体資産の譲渡の対価の額 1,000 円 ≦ 10,000 円
- 食品に係る部分の割合が 3 分の 2 以上（71.4%）

したがって、この商品の販売は、「飲食料品」の譲渡に該当し、全て軽減税率の対象となります。

(3) 「一の資産の価格のみが提示されているもの」の意義

次のような場合は、食品と食品以外の資産が一の資産を形成し又は構成しているものであっても一体資産に該当しません。（新消法附則 34 ①一、新消令附則 2、軽減通達 4）

この場合には、個々の商品ごとに適用税率を判定することとなります。

　イ　食品と食品以外の資産を組み合わせた一の詰め合わせ商品につい

て、当該詰め合わせ商品の価格とともに、これを構成する個々の商品の価格を内訳として提示している場合

【 具体例 】

　詰め合わせ商品（A商品が食品、B商品及びC商品が食品以外）の価格が1,000円で、その内訳としてA商品400円、B商品300円、C商品300円と表示している場合

ロ　個々の商品の価格を提示しているか否かにかかわらず、商品（食品と食品以外）を、例えば「よりどり3品△△円」との価格を提示し、顧客が自由に組み合わせることができるようにして販売している場合

【 具体例 】

　ワゴンボックス内の商品は、よりどり3品1,000円と表示している場合[※]

（※）　個々の商品に係る対価の額が明らかでないときは、商品の価額を適用税率ごとに合理的に区分することとなります。

(4)　一体資産の留意点

❶　合理的な割合が不明の場合

　小売業や卸売業等を営む事業者が、一体資産に該当する商品を仕入れて販売する場合において、販売する対価の額（税抜価額）が1万円以下であれば、その課税仕入れの時に仕入先が適用した税率をそのまま適用して差し支えありません。

❷　食玩の販売

　菓子と玩具により構成されている、いわゆる食玩の販売は、一体資産となり、その資産の譲渡の対価の額（税抜価額）が1万円以下であり、その

資産の価額のうちに当該一体資産に含まれる食品に係る部分の価額の占める割合が3分の2以上であれば、軽減税率の適用対象となります。

なお、要件を満たさない場合には、全てが標準税率となります。

❸ 高価な容器に盛り付けられた洋菓子

ケーキ等の洋菓子をカップ等の専用容器に盛り付けて販売している場合において、その専用容器が特注品で、食器として再利用できるものとなっており、菓子よりも高価なときは、その資産に含まれる食品に係る部分の価額の占める割合3分の2以上でないことから、商品全体が軽減税率の適用対象となりません。

❹ 食品と食品以外の資産で構成された福袋

食品と食品以外の商品で構成された福袋の販売は、一体資産の要件に該当する場合には、軽減税率の適用対象となります。

(5) 一括譲渡の取扱い

複数の商品（次のイ〜ハのうち異なる2以上の区分の商品）を同時に販売（一括譲渡）する場合に、その販売価格が合理的に区分されていない場合には、イ又はロに係る資産の譲渡等の対価の額はそれぞれ次の計算式により計算した金額となる。

イ　消費税が課される商品（ロを除く）

ロ　軽減税率の対象となる商品

ハ　消費税が非課税となる商品

$$一括譲渡した商品の販売価格 \times \frac{イ又はロの商品の価額}{一括譲渡した商品の価額}$$

【 具体例 】

例えば、スーパーで肉・野菜などの食品と日用品を販売する場合など、食品と食品以外の商品を一括して販売（一括譲渡）した場合には、その商

品が食品であれば軽減税率が、食品以外のものであれば標準税率が適用されることとなります。

　このような取引につき、対価の合計額から一括して値引きを行う場合（例えば、レジで500円の割引券の提示を受けて、値引きする場合など）には、合理的に区分して、適用税率ごとの値引後の対価の額を算出する必要があります。

　なお、一括譲渡の際に顧客へ交付する領収書等において、いずれの商品から値引きされているかを問わず、適用税率ごとの値引額又は値引額控除後の対価の額が表示されている場合には、合理的に区分されていることとなります。

③　包装材料等の取扱い

(1)　包装材料等の取扱い

　飲食料品の販売に際し使用される包装材料及び容器が、その販売に付帯して通常必要なものとして使用されるものであるときは、その包装材料等も含め軽減税率の適用対象となります。

　上記の「通常必要なものとして使用される包装材料等」とは、飲食料品の販売に付帯するものであり、通常、飲食料品が費消され又はその飲食料品と分離された場合に不要となるようなものが該当します。

　なお、贈答用の包装など、包装材料等につき別途対価を定めている場合のその包装材料等の譲渡は、「飲食料品」の譲渡には該当しません。

　また、陶磁器やガラス食器等の容器のように飲食の用に供された後において食器や装飾品として利用できるものを包装材料等として使用しており、食品とその容器を組み合わせてあらかじめ一の商品として価格を提示し販売している場合には、その商品は「一体資産」に該当し、要件を満た

せば軽減税率の適用対象となります。

(注)　包装材料等の販売業者が行う、飲料メーカーに対する缶・ペットボトルの販売やスーパー等の小売店に対するトレイの販売は、容器そのものの販売となり、「飲食料品」の譲渡に該当せず、軽減税率の適用対象とはなりません。
　　　また、食料品の卸売を行っている事業者が、食料品とは別に包装材料等を販売した場合のその包装材料等の譲渡については、軽減税率の適用対象とはなりません。

(2)　包装材料等の留意点

❶　桐の箱の容器（QA 個別問 24）

高額な飲食料品を販売する際に桐の箱等の高価な容器に入れて販売した場合において、桐の箱にその商品の名称などを直接印刷等して、その飲食料品を販売するためにのみ使用していることが明らかなときは、その飲食料品の販売に付帯して通常必要なものとして使用されるものに該当するものとして取り扱って差し支えありません。

❷　保冷剤を付けた洋菓子の販売（QA 個別問 26）

人の飲用又は食用に供されるケーキやプリンなどの洋菓子は、「食品」に該当し、サービスで保冷剤をつけて販売する場合であっても、軽減税率の適用対象となります。

なお、保冷剤について別途対価を徴している場合のその保冷剤は、「飲食料品」に該当しないことから、軽減税率の適用対象とはなりません。

4　飲食料品の輸入取引

(1)　飲食料品を輸入した場合の取扱い

保税地域から引き取られる課税貨物のうち、「飲食料品」に該当するものについては、軽減税率が適用されます。（新消法附則 34 ①一）

なお、課税貨物が「飲食料品」に該当するかどうかの判断は、その課税

貨物を輸入する際に、人の飲用又は食用に供されるものとして輸入されるかどうかにより判定します。

(2) 輸入された飲食料品のその後の販売（QA 個別問 36）

人の食用に供されるまぐろの輸入（保税地域からの引取り）は、軽減税率の適用対象となりますが、輸入したまぐろを飼料用として販売した場合には、そのまぐろは人の食用に供されるものではないことから、軽減税率の適用対象となりません。

なお、課税貨物が「飲食料品」に該当するかどうかは、輸入の際に、人の飲用又は食用に供されるものとして輸入されるかどうかにより判定されることから、食用のまぐろを輸入して食品加工業者に販売している業者が、その売れ残ったまぐろを飼料用として別業者に販売したとしても、そのまぐろの仕入れは、全て軽減税率の適用対象となります。

(3) レストランへ販売する食材の輸入（QA 個別問 37）

飲食料品を仕入れたレストランが、店内飲食用の料理にその食材を利用した場合、レストランが行う食事の提供は外食に該当することから軽減税率の対象とはなりません。

なお、その食材を輸入した場合には、「飲食料品」の輸入であり、また、レストランへの食材の販売も「飲食料品」の譲渡となることから、いずれも軽減税率の適用対象となります。

5 外食等の対象範囲

(1) 外食の定義

軽減税率の適用対象外となる「外食」については、取引の場所及び取引

の態様（サービスの提供に該当するのかどうか）の観点から、ケータリング・出張料理等を含めて、以下のように定義しています。

❶ 外食

軽減税率の適用対象とならない「飲食店業等を営む者が行う食事の提供」（いわゆる外食）とは、飲食店業等を営む者がテーブル、椅子、カウンターその他の飲食に用いられる設備（以下「飲食設備」といいます）のある場所において、飲食料品を飲食させる役務の提供をいい、レストランやフードコートでの食事の提供などが該当します。（新消法附則34①一イ、軽減通達10）

なお、「飲食店業等を営む者」とは、飲食店営業、喫茶店営業その他の飲食料品をその場で飲食させる事業を営む者をいい、飲食設備のある場所において飲食料品を飲食させる役務の提供を行う全ての事業者が該当します。

また、飲食設備とは、飲食に用いられるテーブル、椅子、カウンター等の設備であれば、飲食のための専用の設備である必要はなく、飲食料品の提供を行う者と設備を設置又は管理する者（設備設置者）が異なる場合であっても、飲食料品の提供を行う者と設備設置者との間の合意等に基づき、当該飲食設備を飲食料品の提供を行う者の顧客に利用させることとしているときは、飲食設備に該当します。

❷ ケータリング・出張料理等

軽減税率の適用対象となる「飲食料品の譲渡」には、「相手方が指定した場所において行う加熱、調理又は給仕等の役務を伴う飲食料品の提供」（いわゆるケータリング・出張料理）は含まれません。（新消法附則34①一ロ、軽減通達12）

「ケータリング・出張料理」は、相手方が指定した場所で、飲食料品の提供を行う事業者が食材等を持参して調理して提供するものや調理済みの食材を当該指定された場所で加熱して温かい状態で提供すること等をい

い、具体的には以下のような場合が該当します。

- 相手方が指定した場所で飲食料品の盛り付けを行う場合
- 相手方が指定した場所で飲食料品が入っている器を配膳する場合
- 相手方が指定した場所で飲食料品の提供とともに取り分け用の食器等を飲食に適する状態に配置等を行う場合

したがって、「出張料理」は、顧客の自宅で調理を行って飲食料品を提供していることから、「相手方の指定した場所において行う役務を伴う飲食料品の提供」に該当し、軽減税率の適用対象となりません。

(2) 有料老人ホームなどで行う飲食料品の提供

❶ 軽減税率の適用対象となる食事の提供

次の施設において行う一定の基準を満たす飲食料品の提供については、軽減税率の適用対象となります。（新消令附則3②）

施　設	飲食料品の提供の範囲
有料老人ホーム	有料老人ホームの設置者又は運営者が、入居者[※1]に対して行う飲食料品の提供
サービス付き高齢者向け住宅	サービス付き高齢者向け住宅の設置者又は運営者が入居者[※1]に対して行う飲食料品の提供
義務教育諸学校の施設[※2]	義務教育諸学校の設置者が、その児童又は生徒の全て[※3]に対して学校給食として行う飲食料品の提供
夜間課程を置く高等学校の施設	高等学校の設置者が、夜間課程で教育を受ける生徒の全て[※3]対して夜間学校給食として行う飲食料品の提供
特別支援学校の幼稚部又は高等部の施設	特別支援学校の設置者が、その施設で教育を受ける幼児又は生徒の全て[※3]に対して学校給食として行う飲食料品の提供
幼稚園の施設	幼稚園の設置者が、その施設で教育を受ける幼児の全て[※3]に対して学校給食に準じて行う飲食料品の提供
特別支援学校の寄宿舎	寄宿舎の設置者が、寄宿舎に寄宿する幼児、児童又は生徒に対して行う飲食料品の提供

（※1）　軽減税率の対象となる有料老人ホームの飲食料品の提供は、サービス付高齢者向け住宅の入居者と同様、以下の入居者に対するものに限られます。
　　　イ　60歳以上の者
　　　ロ　要介護認定又は要支援認定を受けている60歳以上の者

ハ　上記イ又はロに該当する者と同居している配偶者（婚姻の届出をしていないが事実上婚姻関係と同様の事情にある者を含みます）

（※2）　義務教育諸学校とは、学校教育法に規定する小学校、中学校、義務教育学校、中学教育学校の前期課程又は特別支援学校の小学部若しくは中学部をいいます。

（※3）　アレルギーなどの個別事情により全ての児童又は生徒に対して提供することができなかったとしても軽減税率の対象となります。

❶　軽減税率の対象となる給食等の限度額

　施設の設置者等が同一の日に同一の入居者等に対して行う飲食料品の提供の対価の額（税抜）が1食につき640円以下であるもののうち、その日の最初に提供された飲食料品の提供の対価の額から累計した金額が1,920円に達するまでの飲食料品の提供が軽減税率の対象となります。（平成28年財務省告第100号）

　また、累計額の計算方法につきあらかじめ書面で累計額の計算の対象となる飲食料品の提供を定めている場合にはその方法によることとされています。

【　具体例　】

　老人ホームで提供する食事の金額につき朝食500円、昼食500円、間食400円、夕食600円である場合（全て税抜金額）

　イ　あらかじめ書面より、累計額の計算の対象となる飲食料品の提供を明らかにしていない場合

朝食（軽減）	昼食（軽減）	間食（軽減）	夕食（標準）
500円≦640円	500円≦640円	400円≦640円	600円≦640円
（累計500円）	（累計1,000円）	（累計1,400円）	（累計2,000円）

合計2,000円（うち軽減税率対象1,400円）

　夕食は、1食につき640円以下ですが、朝食から夕食までの対価の額の累計額が1,920円を超えているので、軽減税率の対象となりません。

ロ　あらかじめ書面において、累計額の計算の対象となる飲食料品の提供を、朝食、昼食、夕食としていた場合

朝食（軽減）	昼食（軽減）	間食（標準）	夕食（軽減）
500円≦640円	500円≦640円	400円≦640円	600円≦640円
（累計500円）	（累計1,000円）	（累計対象外）	（累計1,600円）

合計2,000円（うち軽減税率対象1,600円）

　間食は、1食につき640円以下ですが、あらかじめ書面において、累計額の対象としていませんので軽減税率の対象となりません。

❷　調理の受託業務による取扱い

　軽減税率の適用対象となる有料老人ホームにおいて行う飲食料品の提供は、有料老人ホームの設置者又は運営者が、入居者に対して行う飲食料品の提供に限定されているため、有料老人ホームとの給食調理委託契約に基づき行う外部からの飲食料品の提供は軽減税率の適用対象となりません。（軽減通達13）

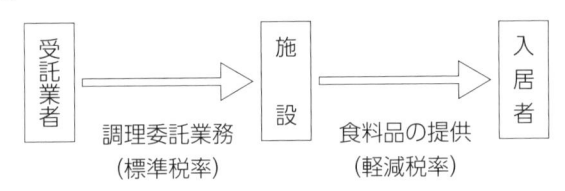

（3）　外食等の具体例

❶　外食等に該当するもの

　軽減税率の適用対象とならない「食事の提供」とは、飲食設備がある場所において飲食料品を飲食させる役務の提供をいうことから、以下のようなものは軽減税率の適用対象とはなりません。

- 学生食堂での飲食料品の提供（QA個別問61）
- 社員食堂での飲食料品の提供（QA個別問38）
- セルフサービスの飲食店での飲食料品の提供（QA個別問39）

- 屋台での飲食料品の提供（QA 個別問 40)

- 立食形式の飲食店の飲食料品の提供（QA 個別問 46)

- カラオケボックスでの飲食料品の提供（QA 個別問 50)

- ホテルや旅館等宿泊施設における飲食料品の提供（QA 個別問 52)

  (注)　旅館やホテル等の宴会場や会議室・研修室等で行われる飲食料品の提供やルームサービスは、「食事の提供」に該当し、軽減税率の適用対象となりません。

- コンビニエンスストアのイートインコーナーでの飲食（QA 個別問 41)

- ファストフードの店内飲食（QA 個別問 42)

- 旅客列車の食堂車での飲食料品の販売（QA 個別問 49)

- フードコートでの飲食（QA 個別問 47)

  (注)　フードコートの飲食店で「飲食料品」をテイクアウトした場合は、単に「飲食料品」を販売するものであるため、「外食」にはあたらず、軽減税率の適用対象となります。

❷　外食等に該当しないもの

　以下のようなものは、「食事の提供」とならず、単に「飲食料品」を譲渡していることから軽減税率の適用対象となります。

- 公園のベンチを利用した移動販売車での飲食料品の提供（QA 個別問 48)

  (注)　公園のベンチを、公園の設備設置者と飲食料品を提供している事業者との間の合意等に基づき、その設備を顧客に利用させることとしている場合は、「食事の提供」に該当し、軽減税率の適用対象とはなりません。

- ホテル等の客室に備え付けられた冷蔵庫内の飲料等（QA 個別問 53)

  (注)　冷蔵庫内の飲料であっても酒税法に規定する酒類は軽減税率の適用対象とはなりません。

- 映画館の売店での飲食料品の販売（QA 個別問 51)

  (注)　売店のそばにテーブル、椅子等を設置して、その場で顧客に飲食させている場合には、食事の提供に該当しますので、持ち帰りによる販売を除き、軽減税率の適用対象となりません。
  　　また、映画館の売店が、映画館の座席で以下のような飲食料品の提供を行う場合には、食事の提供に該当し、軽減税率の適用対象となりません。

イ　座席等で飲食させるための飲食メニューを座席等に設置して、顧客の注文に応じてその座席等で行う食事の提供
　　ロ　座席等で飲食するため事前に予約を取って行う食事の提供

- 飲食店の出前

- 旅客列車の移動ワゴン販売の飲食料品の販売（QA 個別問 49）

（注）　旅客列車の座席等で飲食させるための次のような飲食料品の提供は、軽減税率の適用対象とはなりません。
　　イ　座席等で飲食させるための飲食メニューを座席等に設置して、顧客の注文に応じてその座席等で行う食事の提供
　　ロ　座席等で飲食するため事前に予約を取って行う食事の提供

❸　その他の留意事項

イ　出前の適用税率（QA 個別問 57）

　そば・中華の出前、宅配ピザの配達は、顧客の指定した場所まで単に飲食料品を届けるだけであるため、「飲食料品」の譲渡に該当し、軽減税率の適用対象となります。

　なお、そば屋やピザ屋などの「店内飲食」は、事業者が、顧客に店内で飲食させる役務の提供に該当することから、軽減税率の適用対象とはなりません。

ロ　飲食店で残りを持ち帰る場合（QA 個別問 43）

　飲食店で顧客が注文した料理の残りを折り詰めにして持ち帰らせるサービスを行っている場合において、その持ち帰り分については、その場で飲食するために提供された時点で「食事の提供」に該当し、その後持ち帰ることとしても、「飲食料品」の譲渡に該当せず、軽減税率の適用対象となりません。

ハ　飲食店のレジ前の菓子等の販売（QA 個別問 44）

　飲食店のレジ前にあるお菓子等の販売は、単に飲食料品を販売しているものと考えられることから、「飲食料品」の譲渡に該当し、軽減税率の適用対象となります。

ニ　飲食店で提供する缶飲料、ペットボトル飲料（QA 個別問 45）

　ラーメン屋において、ラーメンの提供のほか、缶飲料、ペットボトル飲料をコップに入れず、缶又はペットボトルのまま提供している場合におけるこれらの飲料の提供は、店内で飲食させるものとして提供しているため「食事の提供」に該当し、軽減税率の適用対象とはなりません。

ホ　コンビニエンスストアにおける飲食料品の提供（QA 個別問 41）

　イートインスペースを設置しているコンビニエンスストアにおいて、トレイや返却が必要な食器に入れて「飲食料品」を提供する場合には、店内のイートインスペースで飲食させる「食事の提供」に該当し、軽減税率の適用対象となりません。

　なお、ホットスナックや弁当のように持ち帰ることも店内で飲食することも可能な商品については、販売時に顧客に対して店内飲食か持ち帰りかの意思確認を行うなどの方法で、軽減税率の適用対象となるかどうかを判定することとなります。

　コンビニエンスストアの場合には、ほとんどの商品（飲食料品）につき持ち帰ることを前提としていることから、全ての顧客に店内飲食か持ち帰りかを質問するのではなく、例えば、「イートインコーナーを利用する場合はお申し出ください」等の掲示をして意思確認を行うなど、営業の実態に応じた方法で意思確認を行うこととして差し支えありません。

　（注）　店内に休憩所を持つコンビニや小売店について、「飲食厳禁」の明示と、実際に飲食していないことを条件に、店内で買った飲食料品を軽減税率の対象とする方針が報道されました（平成 30 年 10 月 4 日の日本経済新聞夕刊）。軽減税率制度に関する Q&A 集の改訂など今後の動向に注意ください。

ヘ　ファストフードのテイクアウト（QA 個別問 42）

　ファストフード店における「テイクアウト」は軽減税率の適用対象となり、「店内飲食」は、「食事の提供」に該当し、軽減税率の適用対象とはなりません。

　事業者が行う飲食料品の提供が、「食事の提供」に該当するのか、「飲

食料品」の譲渡に該当するのかは、その飲食料品の提供を行った時（販売時点）において、その場で飲食するのか、持ち帰るのかを相手方に意思確認するなどの方法により判定することとなります。

外食に該当しない （軽減税率8%）	外食に該当 （標準税率10%）
牛丼・ハンバーガーの持ち帰り	牛丼・ハンバーガーの店内飲食
そばの出前、宅配ピザ	そば、ピザの店内飲食 フードコートでの飲食
コンビニの弁当・惣菜の販売（店内飲食を除く）	イートインコーナーでの飲食前提の商品の販売
学校給食・老人ホームでの食事の提供	学校の学生食堂・会社の社員食堂 ホテルのルームサービス
球場・映画館の売店	カラオケ店での飲食
弁当の移動販売、綿菓子などの屋台（テーブル・椅子等の飲食設備がない場合）	テーブルを置くおでんなどの屋台 ケータリング・出張料理（イベント会場で顧客に飲食させるサービス）

（注）　食品かどうかの判定は、売り手が食品として販売しているかどうかにより行います。
　　　（そのパッケージ等で食品ではなく、化粧品等として販売した場合は対象外となります）

ト　バーベキュー施設での飲食等（QA個別問54）

　運営するバーベキュー場が、施設利用料1人1,500円のほか、その事業者が準備したメニューから、それぞれお好みの肉の種類などを選んでもらい、別途食材代を支払う、いわゆる手ぶらバーベキューサービスを行っている場合には、施設利用料と食材代を区分していたとしても、その全額が「食事の提供」の対価に該当し、軽減税率の適用対象とはなりません。

　なお、飲食料品を提供する事業者が、バーベキュー施設を運営する事業者自体ではなく、その運営事業者の契約等により、顧客にバーベキュー施設の飲食設備を利用させている事業者である場合についても同様となります。

チ 家事代行（QA 個別問 56）

お客様の自宅に伺って料理代行サービス（食材持込）を行う場合のように、顧客の自宅で料理を行い、飲食料品を提供するサービスは、いわゆる「ケータリング、出張料理」に該当することから、軽減税率の適用対象とはなりません。

リ 病院食（QA 個別問 62）

健康保険法等の規定に基づく入院時の食事療養費に係る病院食の提供については、消費税法における非課税取引に該当します。（軽減税率の対象ではない）

なお、患者の自己選択により、特別メニューの食事の提供を受けている場合に支払う食事代については、非課税取引とはならず、病室等で役務を伴う飲食料品の提供を行うことから、「食事の提供」に該当し、軽減税率の適用対象とはなりません。

ヌ パーティー会場等で食卓の設営や調理、配膳等の給仕を行って飲食料品を提供するサービス

事業者が、顧客の求めに応じてパーティー会場などに出張し、顧客にその場で飲食させるための食卓の設営や調理、配膳等の給仕を伴う飲食料品の提供については、「ケータリング・出張料理等」に該当し、軽減税率の適用対象とはなりません。

6 定期購読契約の新聞等

軽減税率の適用対象となる新聞等とは、1 週間に 2 回以上発行する政治、経済、社会、文化等に関する新聞で定期購読契約に基づくものの譲渡が該当します。（新消法附則 34 ①二）

(1)　定期購読契約とは（QA 個別問 72）

　軽減税率の適用対象となる新聞は、定期購読契約に基づくものとされており、定期購読契約とは、その新聞を購読しようとする者に対して、その新聞を定期的に継続して供給することを約する契約をいいます。

　したがって、コンビニエンスストア等の新聞の販売は、定期購読契約に基づくものではないことから軽減税率の適用対象とはなりません。

(2) 1 週間に 2 回以上発行する新聞とは（QA 個別問 73）

　軽減税率の適用対象となる「1 週間に 2 回以上発行する新聞」とは、通常の発行予定日が週 2 回以上とされている新聞をいうことから、国民の祝日や新聞休刊日によって、たまたま発行が1週間に1回以下となる週があったとしても「1 週に 2 回以上発行する新聞」に該当します。

　なお、スポーツ新聞や業界紙、日本語以外の新聞等についても、週 2 回以上発行される新聞で、定期購読契約に基づく譲渡であれば、軽減税率の適用対象となります。

(3)　電子版の新聞（QA 個別問 74）

　インターネットを通じて配信する電子版の新聞は、電気通信回線を介して行われる役務の提供である「電気通信利用役務の提供」に該当し、新聞の譲渡に該当しないことから、軽減税率の適用対象とはなりません。

第3節 軽減税率制度導入後における消費税の計算方法

1 原則的な消費税の計算方法

　軽減税率制度が導入された場合には、標準税率と軽減税率の複数税率となることから、税率ごとに区分して消費税を計算することとなります。（新消法附則34②）

　なお、税率引上げに伴う経過措置規定の適用がある場合には、旧税率が適用されることとなり、その場合には、旧税率も区分（旧税率、軽減税率、標準税率の3区分）して消費税を計算しなければならないので注意が必要です。

(1) 課税標準額の計算（売上税額）

　軽減税率が導入された場合には、以下のように税率ごとに区分して消費税を計算することとなります。

❶ 課税標準額

　イ　標準税率（10%）の計算

$$課税売上高（税込）\times \frac{100}{110}$$

　ロ　軽減税率（8%）の計算

$$課税売上高（税込）\times \frac{100}{108}$$

　ハ　経過措置による旧税率（8%）の計算

$$課税売上高（税込）\times \frac{100}{108}$$

ニ　リバースチャージ方式が適用される場合の計算

　　支払対価の額

※　課税売上割合が95%以上の場合及び簡易課税制度の場合は、適用除外となります。(以下同じ)

❷　課税標準額に対する消費税額

イ　標準税率（10%）の計算

　　上記❶イの金額　×7.8%

ロ　軽減税率（8%）の計算

　　上記❶ロの金額　×6.24%

ハ　旧税率（8%）の計算

　　上記❶ハの金額　×6.3%

ニ　リバースチャージ方式の計算

　　上記❶ニの金額　×7.8%

ホ　イ＋ロ＋ハ＋ニ

(2)　控除対象仕入税額の計算

　控除対象仕入税額の計算については、従来と同様に以下の区分にしたがい、いずれかの方法により計算することとなります。

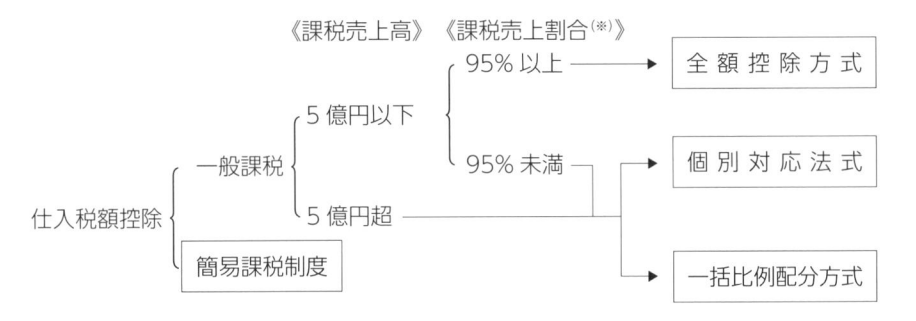

（※）　課税売上割合の計算方法

$$課税売上割合 = \frac{課税売上高＋免税売上高}{課税売上高＋免税売上高＋非課税売上高}$$

❶　全額控除方式の場合

控除対象仕入税額 ＝ 税込課税仕入高（10% 適用分）× $\dfrac{7.8}{110}$

$＋$ 税込課税仕入高（軽減税率 8% 適用分）× $\dfrac{6.24}{108}$

$＋$ 税込課税仕入高（旧税率 8% 適用分）× $\dfrac{6.3}{108}$

$＋$ 支払対価（リバースチャージ）× 7.8%

$＋$ 引取りの税額（7.8% 又は 6.24%）

❷　個別対応方式の場合

控除対象仕入税額

$= \left(\begin{array}{l}課税資産の譲渡等にのみ\\要する課税仕入れ等の税\\額^{（※1）}\end{array}\right) + \left(\begin{array}{l}課税資産の譲渡等とそ\\の他の資産の譲渡等に\\共通して要する課税仕\\入れ等の税額^{（※2）}\end{array}\right) × \boxed{課税売上割合}$

（※1）　課税資産の譲渡等にのみ要する課税仕入れ等の税額（課税売上げ対応）
　　　課税資産の譲渡等にのみ要する以下の金額の合計額となります。

課税売上げ対応の税込課税仕入高（10% 適用分）× $\dfrac{7.8}{110}$

$＋$ 課税売上げ対応の税込課税仕入高（8% 軽減税率分）× $\dfrac{6.24}{108}$

$＋$ 課税売上げ対応の税込課税仕入高（8% 旧税率分）× $\dfrac{6.3}{108}$

$＋$ 課税売上げ対応の支払対価（リバースチャージ）× 7.8%

$＋$ 課税売上げ対応の引取りの税額（7.8% 又は 6.24%）

（※2）　課税資産の譲渡等とその他の資産の譲渡等に共通して要する課税仕入れ等の税額（共通対応）
　　　課税資産の譲渡等とその他の資産の譲渡等に共通して要する以下の金額の合計額となります。

共通対応の税込課税仕入高（10% 適用分）× $\dfrac{7.8}{110}$

$＋$ 共通対応の税込課税仕入高（8% 軽減税率分）× $\dfrac{6.24}{108}$

$＋$ 共通対応の税込課税仕入高（8% 旧税率分）× $\dfrac{6.3}{108}$

$＋$ 共通対応の支払対価（リバースチャージ）× 7.8%

$＋$ 共通対応の引取りの税額（7.8% 又は 6.24%）

❸ 一括比例配分方式の場合

$$\boxed{控除対象仕入税額 \ = \ 課税仕入れ等の税額^{(※)} \times \boxed{課税売上割合}}$$

（※）　課税仕入れ等の税額
　　　以下の金額の合計額となります。

$$税込課税仕入高（10\%適用分）\times \frac{7.8}{110}$$

$$+ \ 税込課税仕入高（8\%軽減税率分）\times \frac{6.24}{108}$$

$$+ \ 税込課税仕入高（8\%旧税率分）\times \frac{6.3}{108}$$

$$+ \ 支払対価（リバースチャージ）\times 7.8\%$$

$$+ \ 引取りの税額（7.8\%又は6.24\%）$$

❹ 簡易課税制度における控除対象仕入税額の計算方法

　簡易課税制度における控除対象仕入税額は、課税売上げに係る消費税額に「みなし仕入率」を乗じて計算します。

　なお、簡易課税制度については、以下の2つの要件を満たし場合に計算することとなります。

- 基準期間における課税売上高 ≦ 5,000万円
- 前課税期間の末日までに消費税簡易課税制度選択届出書の提出を行っている

$$\boxed{控除対象仕入税額 \ = \ \binom{課税売上げに}{係る消費税額} \times みなし仕入率^{(※)}}$$

（※）　簡易課税制度の事業区分とみなし仕入率

事業区分	事業内容	みなし仕入率
第一種事業	卸売業 他の者から購入した商品をその性質及び形状を変更しないで他の事業者に販売する事業	90%
第二種事業	小売業 他の人から購入した商品をその性質及び形状を変更しないで消費者に販売する事業 食用の農林水産物の生産[※]	80%
第三種事業	農業、林業、漁業、鉱業、建設業、製造業（製造小売業を含みます）、電気業、ガス業、熱供給業及び水道業	70%

第四種事業	第一種事業、第二種事業、第三種事業、第五種事業、第六種事業以外の事業（飲食店業等を含みます）	60%
第五種事業	運輸通信業、金融業及び保険業、サービス業（飲食店業に該当する事業を除きます）	50%
第六種事業	不動産業	40%

（※）　平成30年度の税制改正

(3)　売上げに係る対価の返還等に係る消費税額

　　イ　標準税率（10%）の計算

$$\text{売上げに係る対価の返還等（税込）} \times \frac{7.8}{110}$$

　　ロ　軽減税率（8%）の計算

$$\text{売上げに係る対価の返還等（税込）} \times \frac{6.24}{108}$$

　　ハ　経過措置による旧税率（8%）の計算

$$\text{売上げに係る対価の返還等（税込）} \times \frac{6.3}{108}$$

　　ニ　特定課税仕入れの返還（リバースチャージの返還）

　　　　受取対価 × 7.8%

　　ホ　イ＋ロ＋ハ＋ニ

（注）　税率ごとに区分されていない場合
　　　　売上げに係る対価の返還等に係る消費税額について、税率ごとに合理的に区分されていないときは、売上げに係る対価の返還等の金額（税込）に、その売上げに係る対価の返還等の対象となった課税売上げの合計額（税込）のうち軽減税率の対象となる金額（税込）が占める割合を乗じて算出した金額を、軽減対象資産の譲渡等に係る売上対価の返還等の金額として、税率ごとの売上対価の返還等の金額に係る消費税額を計算することができます。

(4)　貸倒れに係る消費税額

　　イ　標準税率（10%）の計算

$$\text{貸倒れた金額} \times \frac{7.8}{110}$$

　　ロ　軽減税率（8%）の計算

$$\text{貸倒れた金額} \times \frac{6.24}{108}$$

ハ　経過措置による旧税率（8%）の計算

$$貸倒れた金額 \times \frac{6.3}{108}$$

ニ　イ＋ロ＋ハ

（注）　税率ごとに区分されていない場合

　　　貸倒れに係る税額について、税率ごとに合理的に区分されていないときは、貸倒れの金額（税込）に、その貸倒れの対象となった課税売上げの合計額（税込）のうち軽減税率の対象となる金額（税込）が占める割合を乗じて計算した金額を、軽減対象資産の譲渡等に係る貸倒れの金額として、税率ごとの貸倒れに係る消費税額を計算することができます。

(5)　差引税額の計算

(1) － ((2) ＋ (3) ＋ (4))　⇒　100円未満切捨

(6)　納付税額の計算

(5) － 中間納付額

(7)　地方消費税の計算

地方消費税は、以下の区分により計算します。

イ　標準税率（10%）及び軽減税率（8%）の場合

差引税額（標準税率と軽減税率の合計額）× 22 ／ 78

ロ　経過措置（8%）の場合

差引税額（旧税率）× 17 ／ 63

ハ　イ ＋ ロ

❷　売上税額の計算の特例

　軽減対象資産の譲渡等を行う中小事業者（その基準期間における課税売上高が5,000万円以下である課税期間の事業者）が国内において行った課税資産の譲渡等の税込価額を税率の異なるごとに区分して合計することに

つき困難な事情（※）があるときは、課税資産の譲渡等の税込対価の額の合計額に以下の割合を乗じて計算した金額を軽減対象税込売上額とし、これに108分の100を乗じて計算した金額を軽減対象課税資産の譲渡等の対価の額の合計額とすることができます。（新消法附則38①②④）

なお、当該税込対価の額の合計額から軽減対象税込売上額を控除した残額に110分の100を乗じて計算した金額を軽減対象課税資産の譲渡等以外の課税資産の譲渡等の対価の額の合計額とします。

なお、この経過措置の適用対象者は、中小事業者（その基準期間における課税売上高が5,000万円以下である課税期間の事業者）に限定しており、中小事業者以外の事業者は適用できません。

この特例は、平成31年10月1日から平成35年9月30日までの期間における消費税の計算について適用します。

(1)　小売等軽減仕入割合

課税仕入れを税率ごとに管理できる卸売業又は小売業を営む事業者は、当該事業に係る課税売上げに、当該事業に係る課税仕入れに占める軽減税率対象品目の売上げにのみ要する課税仕入れの割合（小売等軽減仕入割合）を乗じて、軽減対象資産に係る課税売上げを算出し、売上税額を計算することができます。（新消法附則38②）

なお、この割合は、簡易課税制度を適用する課税期間の消費税の計算には、適用できません。

$$\text{小売等軽減仕入割合} = \frac{\text{軽減対象資産にのみ要する仕入金額}}{\text{仕入総額}^{（※）}}$$

❶　対象事業者

　小売等軽減仕入割合は、以下のイからハの要件を満たす中小事業者が適用できます。

　イ　軽減対象資産の譲渡等を行う、卸売業又は小売業を営む事業者

　ロ　特例の適用を受けようとする課税期間中に簡易課税制度（簡易課税制度の届出の特例を受ける場合を含む）の適用を受けない事業者

　ハ　課税仕入れ等（税込）について、税率の異なるごとに区分経理できる事業者

❷　対象期間

　小売等軽減仕入割合の特例の適用対象期間は、課税期間のうち、平成31年10月1日から平成35年9月30日までの期間です。

　なお、例えば、課税期間が12月末決算であっても平成35年9月30日までしか適用できません。

(2)　軽減売上割合

　課税売上げ（全体）に通常の連続する10営業日の課税売上げに占める同期間の軽減税率対象品目の課税売上げの割合（軽減売上割合）を乗じて、軽減対象資産に係る課税売上げを算出し、売上税額を計算することができます。（新消法附則38①）

　なお、通常の連続する10営業日とは、当該特例の適用を受けようとする期間内の通常の事業を行う連続する10営業日であれば、いつかは問わないこととし、当該適用対象期間に通常の事業を行う連続する10営業日がない場合には、当該適用対象期間となります。

　また、この軽減売上割合は、全ての事業に適用することができます。

$$\text{軽減売上割合} = \frac{\text{通常の事業を行う連続する 10 営業日の軽減対象資産の譲渡の税込価額の合計額}}{\text{通常の事業を行う連続する 10 営業日の課税資産の譲渡等の税込価額の合計額}}$$

イ　通常の事業を行う連続する 10 営業日の意義

通常の事業を行う連続する 10 営業日は、適用対象期間内の通常の事業を行う連続する 10 営業日であればいつかを問いませんが、例えば、通常飲食料品と飲食料品以外の資産の譲渡を行う事業者が、催し物等の特別な営業により、飲食料品の譲渡しか行わなかった営業日は、「通常の事業」を行う営業日に含まれません。

なお、通常の事業でない営業日を除いた前後の連続する期間の合計 10 営業日については、通常の事業を行う連続する 10 営業日として取り扱って差し支えありません。

ロ　対象事業者

軽減売上割合は、軽減対象資産の譲渡を行う中小事業者であれば、業種に関係なく適用することができます。

ハ　対象期間

軽減売上割合の特例の適用対象期間は、課税期間のうち、平成 31 年 10 月 1 日から平成 35 年 9 月 30 日までの期間です。

(3)　上記（1）又は（2）の割合の計算が困難な場合

上記（1）又は（2）の割合の計算が困難な中小事業者であって、主として軽減税率対象品目の譲渡等を行う事業者は、これらの割合を 50/100 とすることができます。

なお、この割合は、軽減対象資産の譲渡等の対価の額の占める割合が概ね 50% 以上であることが要件です。

$$\text{軽減税率売上割合} = \frac{50}{100}$$

(4)　上記（1）から（3）の特例を適用した場合の課税標準額の計算

上記の割合を適用した場合の課税標準額の計算は、以下のとおりです。

イ　標準税率適用分の課税標準額

$$〔税込課税売上高の総額 − 税込課税売上高の総額×上記割合^{(※)}〕$$
$$× \frac{100}{110}$$

（※）　小売等軽減仕入割合、軽減売上割合、50／100 のいずれかの割合

ロ　軽減税率適用分の課税標準額

$$〔税込課税売上高の総額 × 上記割合^{(※)}〕 × \frac{100}{108}$$

（※）　小売等軽減仕入割合、軽減売上割合、50／100 のいずれかの割合

ハ　課税標準額の合計額

イ＋ロ

(5)　複数の事業を営む中小事業者の売上税額の計算の特例の適用関係

複数の事業を営む中小事業者が、課税売上げ（税込）を事業ごとに区分しているときは、その区分している事業ごとに「小売等軽減仕入割合の特例」又は「軽減売上割合の特例」を適用することができます。

なお、「小売等軽減仕入割合の特例」と「軽減売上割合の特例」を併用することはできませんので、例えば、小売業と製造業を営む中小事業者で、小売業について、「小売等軽減仕入割合の特例」を適用する場合、製造業については、原則どおり、税率の異なるごとに課税売上げ（税込）を区分し、税率計算を行わなければなりません。

ただし、この場合であっても、小売業及び製造業の両方に「軽減売上割合の特例」を適用することは可能です。

(6) 売上返品、値引き、割戻し等があった場合

　売上税額の計算の特例の適用を受けた課税資産の譲渡等につき、売上げに係る対価の返還等を行った場合には、その対価の返還等の対象となった課税資産の譲渡等の事実に基づき、売上げに係る対価の返還等の金額に係る消費税額を計算する必要があります。

　ただし、その売上げに係る対価の返還等の金額を税率の異なるごとに区分することが困難な場合には、その対価の返還等の金額に、適用した売上税額の計算の特例の割合（小売等軽減仕入割合、軽減売上割合又は50%）を乗じて計算した金額を軽減対象資産の譲渡等に係るものとして計算することができます。

　なお、貸倒れに係る消費税額についても、同様に計算することができます。

(7) 課税標準額に対する消費税額の計算に関する経過措置（積上げ計算）

　消費税の申告においては、一定の要件の下、一領収単位ごとに1円未満の端数処理を行った消費税額等相当額（その取引に課される消費税額及び地方消費税額の合計額に相当する金額）に基づいて、課税売上げに係る消費税額及び課税仕入れに係る消費税額の計算を行う「積上げ計算」が認められています。（消費税額等相当額の合計額に100分の78（現行においては80分の63）を乗じた額が消費税額）

　軽減税率制度の導入後においては、税率が複数となることから、一領収単位において税率の異なるごとに1円未満の端数処理を行った場合には、以下のとおり、これまでと同様の要件を満たすことを前提として、税率の異なるごとに端数処理を行った後の消費税額等相当額を基礎として納付すべき消費税額の計算を行うことができます。

　したがって、「積上げ計算」においては、これまで一領収単位ごとに1

回の端数処理を行っていましたが、軽減税率制度導入後は、税率が2種類となるため、税率ごとに1回の端数処理を行うことから、一領収単位ごとに2回の端数処理を行うこととなります。

❶ 税込価格を基礎とした代金決済を行う場合

税込価格を税率ごとに区分して合計し、それぞれの合計に108分の8又は110分の10を乗じて計算した1円未満の端数処理後の消費税額等相当額を領収書等に明示

❷ 税抜価格を基礎とした代金決済を行う場合(※)

税抜価格を税率ごとに区分して合計し、それぞれの税率（8％、10％）を乗じて計算した1円未満の端数処理後の消費税額等相当額を領収書等に明示

(※)　事業者間取引又は税込価格で計算を行うレジを導入することが困難な事情があり、総額表示を行っている又は消費税転嫁対策特別措置法第10条第1項（総額表示義務に関する消費税法の特例）の規定により税抜価格表示を行っている場合に適用されます。

3　仕入税額の計算の特例

軽減対象資産の譲渡等を行う中小事業者が課税仕入れを税率の異なるごとに区分して合計することにつき困難な事情があるときは、経過措置として次に掲げる方法より仕入税額を計算することが認められています。（新消法附則39①、40①）

(1)　小売等軽減売上割合の特例

課税売上げを税率ごとに管理できる卸売業又は小売業を行う事業者は、当該事業に係る課税仕入れに、当該事業に係る課税売上げに占める軽減税率対象品目の課税売上げの割合（小売等軽減売上割合）を乗じて、軽減対象資産に係る課税仕入れを算出し、仕入税額を計算することができます。（新消法附則39①）

この特例は、平成31年10月1日から平成32年9月30日の属する課税期間の末日までの期間（適用対象期間）に行った課税仕入れについて適用し、売上税額の計算における小売等軽減仕入割合の特例の適用を受ける場合には、適用できません。

小売等軽減売上割合

$$= \frac{\text{下記金額のうち軽減対象資産の譲渡等の税込価額の合計額}}{\text{適用対象期間中の卸売業・小売業に係る課税資産の譲渡等の税込価額の合計額}}$$

❶ 対象事業者

小売等軽減売上割合は、次のイからハの要件を満たす中小事業者が適用できます。

イ　軽減対象資産の譲渡等を行う、卸売業又は小売業を営む事業者

ロ　特例の適用を受けようとする課税期間中に簡易課税制度（簡易課税制度の届出の特例の適用を受ける場合を含みます）の適用を受けない事業者

ハ　課税売上げ（税込）について、税率の異なるごとに区分経理できる事業者

❷ 適用対象期間

「小売等軽減売上割合の特例」を適用できる期間は、課税期間のうち、平成31年10月1日から平成32年9月30日の属する課税期間の末日までの期間です。

(2)　小売等軽減売上割合を適用した場合の仕入税額控除の計算

小売等軽減売上割合を適用した場合の仕入税額控除の計算は、以下のとおりです。

イ 標準税率適用分の課税仕入れ等の税額

〔税込課税仕入高の総額 − 税込課税仕入高の総額

× 小売等軽減売上割合〕 × $\dfrac{7.8}{110}$

ロ 軽減税率適用分の課税仕入れ等の税額

〔税込課税仕入高の総額 × 小売等軽減売上割合〕 × $\dfrac{6.24}{108}$

ハ 課税仕入れ等の税額の合計額

イ＋ロ

(3) 簡易課税制度の届出の特例

平成 31 年 10 月 1 日から平成 32 年 9 月 30 日までの日の属する課税期間において、課税仕入れを税率ごとに区分して合計することが困難な中小事業者は、簡易課税制度の適用を受けようとする課税期間（簡易課税制度の適用を受けている課税期間及び分割等に係る課税期間を除く）中に消費税簡易課税制度選択届出書を税務署長に提出した場合、その届出書を提出した課税期間（本来は、提出日の属する課税期間の翌課税期間から適用）から簡易課税制度の適用を受けることができます。（新消法附則 38 ④）

なお、この特例により簡易課税制度を適用する場合における簡易課税制度選択届出書は、平成 31 年 7 月 1 日から提出することができます。

❶ 対象事業者

中小事業者が、課税仕入れ等（税込）を税率の異なるごとに区分することについて困難な事情があれば、適用することができます。

❷ 適用対象期間

「簡易課税制度の届出の特例」を適用できる期間は、平成 31 年 10 月 1 日から平成 32 年 9 月 30 日までの日の属する課税期間です。

なお、「簡易課税制度の届出の特例」を適用した場合は、事業を廃止した場合等を除き、2 年間継続して適用した後でなければ、「消費税簡易課

税制度選択不適用届出書」を提出して簡易課税制度の適用をやめることはできません。

❸ 調整対象固定資産の仕入れ等を行った場合の適用例

例えば小売業を営む 12 月決算の法人で、平成 29 年 12 月 1 日に消費税課税事業者選択届を提出し、平成 30 年 7 月 1 日に調整対象固定資産を購入した場合、通常であれば平成 32 年 1 月 1 日以降でなければ、簡易課税制度選択届出書を提出することができません。

しかしながら、仕入れを税率ごとに区分して合計することにつき、著しく困難な事情[※]があれば簡易課税制度選択届出書を提出し、平成 31 年 1 月 1 日に開始する課税期間から、簡易課税制度を適用することができます。

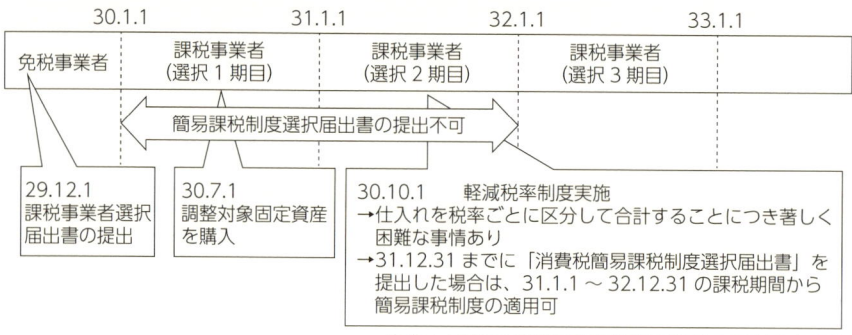

出典：国税庁「消費税軽減税率制度の手引き」より

（※）　著しく困難な事情とは

　　課税仕入れを税率の異なるごとに区分して合計することが著しく困難である場合をいい、例えば、軽減税率の対象となる課税仕入れとそれ以外の課税仕入れがある場合であっても、軽減税率の対象となる課税仕入れがそれ以外の課税仕入れの回数に比し、著しく少ない場合などは、帳簿、保存書類等からこれらの課税仕入れを容易に区分することができることから、他に考慮すべき事情があるときを除き、著しく困難な事情があるときに該当しません。

　　なお、建設業、不動産業など、主として軽減税率の対象となる課税仕入れを行わない場合で容易に区分経理を行うことができる事業者が、事務所、営業書等に自動販売機を設置した場合の清涼飲料水の仕入れや、福利厚生、贈答用として菓子等を仕入れた場合には、著しく困難な事情があるときに該当しません。

4 特例計算の組み合わせ

(1) 売上げ及び仕入れの両方を区分経理することが困難な場合

中小事業者が課税売上げ及び課税仕入れ等のいずれも税率の異なるごとに区分して合計することにつき困難な事情がある場合は、売上税額の計算の特例と仕入税額の計算の特例を併用することができます。併用できる計算の特例は、卸売業又は小売業を営むかどうか等によって異なります。

❶ 全ての中小事業者（卸売業又は小売業を営む事業者の特例を適用しない場合

卸売業又は小売業の特例を適用しない全ての中小事業者は、以下の特例を併用することができます。

- 売上税額の計算の特例 ＝ 軽減売上割合の特例
- 仕入税額の計算の特例 ＝ 簡易課税制度の届出の特例

❷ 卸売業又は小売業を営む中小事業者

卸売業又は小売業を営む中小事業者は、次のイからハのいずれかを選択して適用することができます。

	売上税額の計算の特例	仕入税額の計算の特例
イ	軽減売上割合の特例	簡易課税制度の届出の特例
ロ	軽減売上割合の特例	小売等軽減売上割合の特例 →算出した軽減売上割合を小売等軽減売上割合として計算
ハ	軽減売上割合を 50% とみなして計算	小売等軽減売上割合の特例 →小売等軽減売上割合を 50% として計算

(2) 適用可能な売上税額の特例と仕入税額の特例の組み合わせ

❶ 簡易課税制度を適用していない場合の売上税額の計算の特例

簡易課税制度を適用していない場合（仕入税額の計算の特例も適用して

いない場合）に適用できる売上税額の計算の特例は、以下の特例となります。

イ　軽減売上割合の特例

ロ　小売等軽減仕入割合の特例

ハ　50/100 の割合（㋑及び㋺の計算が困難な主に軽減税率対象品目の譲渡等を行う事業者）

❷　簡易課税制度を適用している場合の売上税額の計算の特例

簡易課税制度を適用している場合に適用できる売上税額の計算の特例は、軽減売上割合を用いて軽減対象資産の課税売上げを計算する「軽減売上割合の特例」となります。

なお、軽減売上割合の計算が困難な事業者（主として軽減税率対象品目の譲渡等を行う事業者に限る）は、課税売上げの 50/100 を軽減対象資産の課税売上げとすることができます。

❸　軽減売上割合の特例と小売等軽減売上割合の特例の適用関係

小売業又は卸売業において、軽減売上割合の特例を適用し、売上税額を計算する場合であっても、小売等軽減売上割合の特例を適用して仕入税額を計算することができます。

ただし、売上税額の計算の特例として、軽減売上割合の特例を適用する場合、小売等軽減売上割合の特例を適用する仕入税額の計算にあたっては、軽減売上割合の特例を適用するにあたって使用する軽減売上割合を「小売等軽減売上割合」とみなして計算を行うこととなります。

		売上税額の計算		
		特例の適用なし	小売等軽減仕入割合の特例 ^(※)	軽減売上割合の特例 ^(※)
仕入税額の計算	一般課税		○	○
	簡易課税		×	○
	簡易課税制度の届け出の特例	○	×	○
	小売等軽減売上割合の特例	○	×	○

（※） 軽減売上割合や小売等軽減仕入割合の計算が困難な事業者であって、主として軽減税率の対象品目の譲渡等を行う事業者は、その割合を 50/100 とすることができます。

⑤ 申告書等の作成

軽減税率制度が施行される平成 31 年 10 月 1 日以後に終了する課税期間以降は、以下に掲げる確定申告書及び添付書類を提出することとなります。

なお、消費税の確定申告書及び添付書類は、一般課税と簡易課税制度に区分されます。

また、軽減対象資産の譲渡等を行う中小事業者で、標準税率と軽減税率を区分して経理処理することにつき困難な事情があるときは、経過措置（売上税額の計算の特例及び仕入税額の計算の特例）を設けていますが、その特例を適用する場合には、別途添付書類が必要になります。

(1) 一般課税の提出書類

❶ 旧税率（経過措置）の適用がない場合

- 第 3-1 号様式「消費税及び地方消費税の確定申告書　第一表（一般用）」
- 第 3-2 号様式「消費税及び地方消費税の確定申告書　第二表［課税標準額等の内訳書］」
- 第 4-1 号様式「付表 1-1　税率別消費税額計算表兼地方消費税の課税

標準となる消費税額計算表（一般用）」

- 第4-2号様式「付表2-1　課税売上割合・控除対象仕入税額等の計算表（一般用）」

❷　旧税率（経過措置）の適用がある場合

その課税期間の取引に旧税率がある場合には、以下の書類も添付することとなります。

- 第4-5号様式「付表1-2　税率別消費税額計算表兼地方消費税の課税標準となる消費税額計算表〔経過措置対象課税資産の譲渡等を含む課税期間用〕（一般用）」
- 第4-6号様式「付表2-2　課税売上割合・控除対象仕入税額等の計算表〔経過措置対象課税資産の譲渡等を含む課税期間用〕（一般用）」

【 消費税及び地方消費税の確定申告書　第一表（一般用）】

第3-(1)号様式

平成　年　月　日		税務署長殿
（収受印）		

納　税　地

（電話番号　　　－　　　－　　　）

（フリガナ）
名　称
又 は 屋 号

個 人 番 号
又は法人番号
↓ 個人番号の記載に当たっては、左端を空欄とし、ここから記載してください。

（フリガナ）
代表者氏名
又 は 氏 名　　　　　　　　　　　　　　㊞

※税務署処理欄

一　連　番　号

申　告　年　月　日　　平成　　　年　　　月　　　日

申　告　区　分　　指導等　　庁指定　　局指定

通信日付印　確認印　個人番号カード
　　　　　　　　　　通知カード・運転免許証
　年　月　日　　　　その他（　　　　　）

身元確認

指　導　年　月　日　　　相談　区分1　区分2　区分3
　　平成

翌年以降
送付不要

整理番号

申告年月日　平成　　年　　月　　日

自 平成　　年　　月　　日
至 平成　　年　　月　　日

課税期間分の消費税及び地方
消費税の（　　　　）申告書

中間申告
の場合の
対象期間
自 平成　　年　　月　　日
至 平成　　年　　月　　日

この申告書による消費税の税額の計算		
課 税 標 準 額	①	0 0 0
消 費 税 額	②	
控除過大調整税額	③	
控除税額　控除対象仕入税額	④	
返還等対価に係る税額	⑤	
貸倒れに係る税額	⑥	
控除税額小計（④＋⑤＋⑥）	⑦	
控除不足還付税額（⑦－②－③）	⑧	
差 引 税 額（②＋③－⑦）	⑨	0 0
中 間 納 付 税 額	⑩	0 0
納 付 税 額（⑨－⑩）	⑪	0 0
中間納付還付税額（⑩－⑨）	⑫	0 0
この申告書が修正申告である場合　既確定税額	⑬	
差引納付税額	⑭	0 0
課税売上割合　課税資産の譲渡等の対価の額	⑮	
資産の譲渡等の対価の額	⑯	
この申告書による地方消費税の税額の計算		
地方消費税の課税標準となる消費税額　控除不足還付税額	⑰	
差 引 税 額	⑱	0 0
譲渡割額　還 付 額	⑲	
納 税 額	⑳	0 0
中 間 納 付 譲 渡 割 額	㉑	0 0
納 付 譲 渡 割 額（⑳－㉑）	㉒	0 0
中間納付還付譲渡割額（㉑－⑳）	㉓	0 0
この申告書が修正申告である場合　既確定譲渡割額	㉔	
差引納付譲渡割額	㉕	0 0
消費税及び地方消費税の合計（納付又は還付）税額	㉖	

付記事項		
割 賦 基 準 の 適 用	有	無
延 払 基 準 等 の 適 用	有	無
工 事 進 行 基 準 の 適 用	有	無
現 金 主 義 会 計 の 適 用	有	無

参考事項

課税標準額に対する消費税額の計算の特例の適用　　有　　無

控除税額の計算の方法
課税売上高5億円超又は
課税売上割合95％未満　　個別対応方式　一括比例配分方式
上　記　以　外　　全額控除

基準期間の
課税売上高　　　　　　千円

還付を受けようとする金融機関等		
銀　行　　金庫・組合　　農協・漁協		本店・支店　出張所　本所・支所
預金　口　座　番　号		
ゆうちょ銀行の貯金記号番号	－	
郵 便 局 名 等		

※税務署整理欄

税理士署名押印　　　　　　　　　　　　　　㊞

（電話番号　　　－　　　－　　　）

税 理 士 法 第 30 条 の 書 面 提 出 有

税 理 士 法 第 33 条 の 2 の 書 面 提 出 有

第3－⑵号様式

課税標準額等の内訳書

整理番号 ☐☐☐☐☐☐☐☐

納　税　地		
	（電話番号　　　－　　　－　　　）	
（フリガナ） 名　　称 又 は 屋 号		
（フリガナ） 代 表 者 氏 名 又 は 氏 名		

改正法附則による税額の特例計算

軽 減 売 上 割 合（10 営 業 日）	○	附則38①	51
小 売 等 軽 減 仕 入 割 合	○	附則38②	52
小 売 等 軽 減 売 上 割 合	○	附則39①	53

自 平成 ☐☐ 年 ☐☐ 月 ☐☐ 日
至 平成 ☐☐ 年 ☐☐ 月 ☐☐ 日

課税期間分の消費税及び地方消費税の（　　　）申告書

中間申告の場合の対象期間　自 平成 ☐☐ 年 ☐☐ 月 ☐☐ 日　至 平成 ☐☐ 年 ☐☐ 月 ☐☐ 日

課　　税　　標　　準　　額 ※申告書（第一表）の①欄へ	①	0 0 0	01

課税資産の 譲 渡 等 の 対 価 の 額 の 合 計 額	3　％　適　用　分	②		02
	4　％　適　用　分	③		03
	6.3　％　適　用　分	④		04
	6.24　％　適　用　分	⑤		05
	7.8　％　適　用　分	⑥		06
		⑦		07
特定課税仕入れ に係る支払対価 の 額 の 合 計 額 (注1)	6.3　％　適　用　分	⑧		11
	7.8　％　適　用　分	⑨		12
		⑩		13

消　　費　　税　　額 ※申告書（第一表）の②欄へ		⑪		21
⑪ の 内 訳	3　％　適　用　分	⑫		22
	4　％　適　用　分	⑬		23
	6.3　％　適　用　分	⑭		24
	6.24　％　適　用　分	⑮		25
	7.8　％　適　用　分	⑯		26

返 還 等 対 価 に 係 る 税 額 ※申告書（第一表）の⑤欄へ		⑰		31
⑰の内訳	売 上 げ の 返 還 等 対 価 に 係 る 税 額	⑱		32
	特 定 課 税 仕 入 れ の 返 還 等 対 価 に 係 る 税 額 (注1)	⑲		33

地 方 消 費 税 の 課 税 標 準 と な る 消 費 税 額 (注2)		⑳		41
	4　％　適　用　分	㉑		42
	6.3　％　適　用　分	㉒		43
	6.24％及び7.8％　適　用　分	㉓		44

（注1）　⑧～⑩及び⑲欄は、一般課税により申告する場合で、課税売上割合が95％未満、かつ、特定課税仕入れがある事業者のみ記載します。

（注2）　⑳～㉓欄が還付税額となる場合はマイナス「－」を付してください。

【 付表1－1　税率別消費税額計算表兼地方消費税の課税標準となる消費税額計算表（一般用）】

第4-(1)号様式

付表1－1　税率別消費税額計算表　兼　地方消費税の課税標準となる消費税額計算表　　　　　　　　一　般

課　税　期　間	・　・　～　・　・	氏名又は名称	

区　　　　分		旧税率分小計 X	税率6.24％適用分 D	税率7.8％適用分 E	合　　計　　F (X＋D＋E)
課　税　標　準　額	①	（付表1-2の①X欄の金額）円 000	円 000	円 000	※第二表の①欄へ 円 000
①の内訳	課税資産の譲渡等の対価の額 ①-1	（付表1-2の①-1X欄の金額）	※第二表の⑤欄へ	※第二表の⑥欄へ	※第二表の⑦欄へ
	特定課税仕入れに係る支払対価の額 ①-2	（付表1-2の①-2X欄の金額）	※①-2欄は、課税売上割合が95％未満、かつ、特定課税仕入れがある事業者のみ記載する。 ※第二表の⑨欄へ	※第二表の⑩欄へ	※第二表の⑪欄へ
消　　費　　税　　額	②	（付表1-2の②X欄の金額）	※第二表の⑮欄へ	※第二表の⑯欄へ	※第一表の②欄へ ※第二表の⑪欄へ
控　除　過　大　調　整　税　額	③	（付表1-2の③X欄の金額）	（付表2-1の②・②D欄の合計金額）	（付表2-1の②・②E欄の合計金額）	※第一表の③欄へ
控除税額	控除対象仕入税額 ④	（付表1-2の④X欄の金額）	（付表2-1の②D欄の金額）	（付表2-1の②E欄の金額）	※第一表の④欄へ
	返還等対価に係る税額 ⑤	（付表1-2の⑤X欄の金額）			※第二表の⑰欄へ
	売上げの返還等の対価に係る税額 ⑤-1	（付表1-2の⑤-1X欄の金額）			※第二表の⑱欄へ
	特定課税仕入れの返還等対価に係る税額 ⑤-2	（付表1-2の⑤-2X欄の金額）	※⑤-2欄は、課税売上割合が95％未満、かつ、特定課税仕入れがある事業者のみ記載する。		※第二表の⑲欄へ
	貸倒れに係る税額 ⑥	（付表1-2の⑥X欄の金額）			※第一表の⑥欄へ
	控除税額小計 （④＋⑤＋⑥） ⑦	（付表1-2の⑦X欄の金額）			※第一表の⑦欄へ
控除不足還付税額 （⑦－②－③）	⑧	（付表1-2の⑧X欄の金額）	※⑪E欄へ	※⑪E欄へ	
差　引　税　額 （②＋③－⑦）	⑨	（付表1-2の⑨X欄の金額）	※⑫E欄へ	※⑫E欄へ	
合　計　差　引　税　額 （⑨－⑧）	⑩				※マイナスの場合は第一表の⑧欄へ ※プラスの場合は第一表の⑨欄へ
地方消費税の課税標準となる消費税額	控除不足還付税額 ⑪	（付表1-2の⑪X欄の金額）		（⑧D欄と⑧E欄の合計金額）	
	差　引　税　額 ⑫	（付表1-2の⑫X欄の金額）		（⑨D欄と⑨E欄の合計金額）	
合計差引地方消費税の課税標準となる消費税額 （⑫－⑪）	⑬	（付表1-2の⑬X欄の金額）		※第二表の②欄へ	※マイナスの場合は第一表の⑰欄へ ※プラスの場合は第一表の⑱欄へ ※第二表の②欄へ
譲渡割額	還　付　額 ⑭	（付表1-2の⑭X欄の金額）		（⑪E欄×22/78）	
	納　税　額 ⑮	（付表1-2の⑮X欄の金額）		（⑫E欄×22/78）	
合　計　差　引　譲　渡　割　額 （⑮－⑭）	⑯				※マイナスの場合は第一表の⑲欄へ ※プラスの場合は第一表の⑳欄へ

注意　1　金額の計算においては、1円未満の端数を切り捨てる。
　　　2　旧税率が適用された取引がある場合は、付表1-2を作成してから当該付表を作成する。

(H31.10.1以後終了課税期間用)

【 付表2-1 課税売上割合・控除対象仕入税額等の計算表（一般用） 】

第4-(2)号様式

付表2-1　課税売上割合・控除対象仕入税額等の計算表

一般

課税期間	・ ・ ～ ・ ・	氏名又は名称	

項　目		旧税率分小計 X (付表2-2の①X欄の金額)	税率6.24％適用分 D	税率7.8％適用分 E	合　計 F (X＋D＋E)
課　税　売　上　額（税抜き）	①	円	円	円	円
免　税　売　上　額	②				
非課税資産の輸出等の金額、海外支店等へ移送した資産の価額	③				
課税資産の譲渡等の対価の額（①＋②＋③）	④				※第一表の⑮欄へ ※付表2-2の①X欄へ
課税資産の譲渡等の対価の額（④の金額）	⑤				
非　課　税　売　上　額	⑥				
資産の譲渡等の対価の額（⑤＋⑥）	⑦				※第一表の⑯欄へ ※付表2-2の①X欄へ
課　税　売　上　割　合（④／⑦）	⑧				※付表2-2の①X欄へ [　　％] ※端数切捨て
課税仕入れに係る支払対価の額（税込み）	⑨	(付表2-2の②X欄の金額)			
課税仕入れに係る消費税額	⑩	(付表2-2の③X欄の金額)	(⑨D欄×6.24/108)	(⑨E欄×7.8/110)	
特定課税仕入れに係る支払対価の額	⑪	(付表2-2の④X欄の金額)	※⑪及び⑫欄は、課税売上割合が95％未満、かつ、特定課税仕入れがある事業者のみ記載する。		
特定課税仕入れに係る消費税額	⑫	(付表2-2の⑤X欄の金額)		(⑪E欄×7.8/100)	
課税貨物に係る消費税額	⑬	(付表2-2の⑥X欄の金額)			
納税義務の免除を受けない（受ける）こととなった場合における消費税額の調整（加算又は減算）額	⑭	(付表2-2の⑦X欄の金額)			
課税仕入れ等の税額の合計額（⑩＋⑫＋⑬±⑭）	⑮	(付表2-2の⑧X欄の金額)			
課税売上高が5億円以下、かつ、課税売上割合が95％以上の場合（⑮の金額）	⑯	(付表2-2の⑨X欄の金額)			
課税売上高が5億円超又は課税売上割合が95％未満の場合	個別対応方式	⑮のうち、課税売上げにのみ要するもの	⑰	(付表2-2の⑩X欄の金額)			
		⑮のうち、課税売上げと非課税売上げに共通して要するもの	⑱	(付表2-2の⑪X欄の金額)			
		個別対応方式により控除する課税仕入れ等の税額〔⑰＋（⑱×④／⑦）〕	⑲	(付表2-2の⑫X欄の金額)			
	一括比例配分方式により控除する課税仕入れ等の税額（⑮×④／⑦）		⑳	(付表2-2の⑬X欄の金額)			
控除税額の調整	課税売上割合変動時の調整対象固定資産に係る消費税額の調整（加算又は減算）額		㉑	(付表2-2の⑭X欄の金額)			
	調整対象固定資産を課税業務用（非課税業務用）に転用した場合の調整（加算又は減算）額		㉒	(付表2-2の⑮X欄の金額)			
差引	控　除　対　象　仕　入　税　額〔（⑯、⑲又は⑳の金額）±㉑±㉒〕がプラスの時		㉓	(付表2-2の⑯X欄の金額)	※付表1-1の④D欄へ	※付表1-1の④E欄へ	
	控　除　過　大　調　整　税　額〔（⑯、⑲又は⑳の金額）±㉑±㉒〕がマイナスの時		㉔	(付表2-2の⑰X欄の金額)	※付表1-1の③D欄へ	※付表1-1の③E欄へ	
貸　倒　回　収　に　係　る　消　費　税　額		㉕	(付表2-2の⑱X欄の金額)	※付表1-1の③D欄へ	※付表1-1の③E欄へ	

注意　1　金額の計算においては、1円未満の端数を切り捨てる。
　　　2　旧税率が適用された取引がある場合は、付表2-2を作成してから当該付表を作成する。
　　　3　⑨及び⑱欄には、値引き、割戻し、割引きなど仕入対価の返還等の金額がある場合（仕入対価の返還等の金額を仕入金額から直接減額している場合を除く。）には、その金額を控除した後の金額を記載する。

(R1.10.1以後終了課税期間用)

【 付表 1 - 2 税率別消費税額計算表兼地方消費税の課税標準となる消費税額計算表
〔経過措置対象課税資産の譲渡等を含む課税期間用〕（一般用） 】

第4-(5)号様式

付表1-2　税率別消費税額計算表 兼 地方消費税の課税標準となる消費税額計算表
　　　　〔経過措置対象課税資産の譲渡等を含む課税期間用〕

一般

| 課　税　期　間 | ・　・　～　・　・ | 氏 名 又 は 名 称 | |

区　　　　　　分	税率3％適用分 A	税率4％適用分 B	税率6.3％適用分 C	旧税率分小計 X (A+B+C)
課　税　標　準　額　①	円 000	円 000	円 000	※付表1-1の①X欄へ 円 000
① 課税資産の譲渡等 の の 対 価 の 額 ①-1 内	※第二表の②欄へ	※第二表の⑤欄へ	※第二表の⑥欄へ	※付表1-1の①-1X欄へ
訳 特定課税仕入れに 係る支払対価の額 ①-2	※①-2欄は、課税売上割合が95％未満、かつ、特定課税仕入れがある事業者のみ記載する。		※第二表の⑧欄へ	※付表1-1の①-2X欄へ
消　　費　　税　　額　②		※第二表の⑪欄へ	※第二表の⑮欄へ	※付表1-1の②X欄へ
控 除 過 大 調 整 税 額　③	(付表2-2の⑤・㉕A欄の合計金額)	(付表2-2の⑤・㉕B欄の合計金額)	(付表2-2の⑤・㉕C欄の合計金額)	※付表1-1の③X欄へ
控 控 除 対 象 仕 入 税 額　④	(付表2-2の㉓A欄の金額)	(付表2-2の㉓B欄の金額)	(付表2-2の㉓C欄の金額)	※付表1-1の④X欄へ
返 還 等 対 価 に 係 る 税 額　⑤				※付表1-1の⑤X欄へ
除 ⑤ 売上げの返還等 の 対価に係る税額 ⑤-1				※付表1-1の⑤-1X欄へ
内 特定課税仕入れ 税 訳 の返還等対価 に係る税額 ⑤-2	※⑤-2欄は、課税売上割合が95％未満、かつ、特定課税仕入れがある事業者のみ記載する。			※付表1-1の⑤-2X欄へ
額 貸倒れに係る税額　⑥				※付表1-1の⑥X欄へ
控 除 税 額 小 計 (④+⑤+⑥)　⑦				※付表1-1の⑦X欄へ
控除不足還付税額 (⑦-②-③)　⑧		※⑪B欄へ	※⑪C欄へ	※付表1-1の⑧X欄へ
差 引 税 額 (②+③-⑦)　⑨		※⑫B欄へ	※⑫C欄へ	※付表1-1の⑨X欄へ
合 計 差 引 税 額 (⑨-⑧)　⑩				
地方消費税の課税標準となる消費税額 控除不足還付税額　⑪		(⑧B欄の金額)	(⑧C欄の金額)	※付表1-1の⑪X欄へ
差 引 税 額　⑫		(⑨B欄の金額)	(⑨C欄の金額)	※付表1-1の⑫X欄へ
合計差引地方消費税の 課税標準となる消費税額 (⑫-⑪)　⑬		※第二表の㉖欄へ	※第二表の㉖欄へ	※付表1-1の⑬X欄へ
譲 還 付 額　⑭ 渡		(⑪B欄×25/100)	(⑪C欄×17/63)	※付表1-1の⑭X欄へ
割 納 税 額　⑮ 額		(⑫B欄×25/100)	(⑫C欄×17/63)	※付表1-1の⑮X欄へ
合 計 差 引 譲 渡 割 額 (⑮-⑭)　⑯				

注意　1　金額の計算においては、1円未満の端数を切り捨てる。
　　　2　旧税率が適用された取引がある場合は、当該付表を作成してから付表1-1を作成する。

(H31.10.1以後終了課税期間用)

第 3 節　軽減税率制度導入後における消費税の計算方法　*59*

【 付表２－２　課税売上割合・控除対象仕入税額等の計算表〔経過措置対象課税資産の譲渡等を含む課税期間用〕（一般用）】

付表２－２　課税売上割合・控除対象仕入税額等の計算表
〔経過措置対象課税資産の譲渡等を含む課税期間用〕

一般

課　税　期　間	・　・　～　・　・	氏名又は名称	

項　　　目		税率３％適用分 A	税率４％適用分 B	税率6.3％適用分 C	旧税率分小計X (A＋B＋C)
課 税 売 上 額 （ 税 抜 き ）	①	円	円	円	※付表2-1の①X欄へ 円
免 税 売 上 額	②				
非課税資産の輸出等の金額、海外支店等へ移送した資産の価額	③				
課税資産の譲渡等の対価の額（①＋②＋③）	④				※付表2-1の④X欄の金額
課税資産の譲渡等の対価の額（④の金額）	⑤				
非 課 税 売 上 額	⑥				
資産の譲渡等の対価の額（⑤＋⑥）	⑦				※付表2-1の⑦X欄の金額
課 税 売 上 割 合 （ ④ ／ ⑦ ）	⑧				※付表2-1の⑧X欄の割合 [　　　％] ※端数切捨て
課税仕入れに係る支払対価の額（税込み）	⑨				※付表2-1の⑨X欄へ
課税仕入れに係る消費税額	⑩	（⑨A欄×3/103）	（⑨B欄×4/105）	（⑨C欄×6.3/108）	※付表2-1の⑩X欄へ
特定課税仕入れに係る支払対価の額	⑪	※⑨及び⑪欄は、課税売上割合が95％未満、かつ、特定課税仕入れがある事業者のみ記載する。			※付表2-1の⑪X欄へ
特定課税仕入れに係る消費税額	⑫			（⑪C欄×6.3/100）	※付表2-1の⑫X欄へ
課 税 貨 物 に 係 る 消 費 税 額	⑬				※付表2-1の⑬X欄へ
納税義務の免除を受けない（受ける）こととなった場合における消費税額の調整（加算又は減算）額	⑭				※付表2-1の⑭X欄へ
課税仕入れ等の税額の合計額（⑩＋⑫＋⑬±⑭）	⑮				※付表2-1の⑮X欄へ
課税売上高が５億円以下、かつ、課税売上割合が95％以上の場合（⑮の金額）	⑯				※付表2-1の⑯X欄へ
課5課95 税億税%税円未売満 上又のは場上合の高割が合の控除税額調整	個別対応方式	⑮のうち、課税売上げにのみ要するもの	⑰					※付表2-1の⑰X欄へ
		⑮のうち、課税売上げと非課税売上げに共通して要するもの	⑱					※付表2-1の⑱X欄へ
		個別対応方式により控除する課税仕入れ等の税額〔⑰＋（⑱×④／⑦）〕	⑲					※付表2-1の⑲X欄へ
	一括比例配分方式により控除する課税仕入れ等の税額（⑮×④／⑦）		⑳					※付表2-1の⑳X欄へ
	課税売上割合変動時の調整対象固定資産に係る消費税額の調整（加算又は減算）額		㉑					※付表2-1の㉑X欄へ
	調整対象固定資産を課税業務用（非課税業務用）に転用した場合の調整（加算又は減算）額		㉒					※付表2-1の㉒X欄へ
差 引	控 除 対 象 仕 入 税 額 〔（⑯、⑲又は⑳の金額）±㉑±㉒〕がプラスの時		㉓	※付表1-2の④A欄へ	※付表1-2の④B欄へ	※付表1-2の④C欄へ	※付表2-1の㉓X欄へ
	控 除 過 大 調 整 税 額 〔（⑯、⑲又は⑳の金額）±㉑±㉒〕がマイナスの時		㉔	※付表1-2の③A欄へ	※付表1-2の③B欄へ	※付表1-2の③C欄へ	※付表2-1の㉔X欄へ
貸 倒 回 収 に 係 る 消 費 税 額			㉕	※付表1-2の③A欄へ	※付表1-2の③B欄へ	※付表1-2の③C欄へ	※付表2-1の㉕X欄へ

注意　1　金額の計算においては、1円未満の端数を切り捨てる。
　　　2　旧税率が適用された取引がある場合は、当該付表を作成してから付表2-1を作成する。
　　　3　⑤、⑦及び⑧のX欄には、付表2-1の⑦欄を作成してから転記する。
　　　4　⑭及び⑮欄には、値引き、割戻し、割引きなど仕入対価の返還等の金額がある場合は仕入対価の返還等の金額を控除した後の金額を記載する。

〔R1.10.1以後終了課税期間用〕

(2) 簡易課税制度の提出書類

❶ 旧税率（経過措置）の適用がない場合

- 第3-3号様式「消費税及び地方消費税の確定申告書　第一表（簡易課税用）」
- 第3-2号様式「消費税及び地方消費税の確定申告書　第二表［課税標準額等の内訳書］」

（一般課税と同じ）

- 第4-3号様式「付表4-1　税率別消費税額計算表兼地方消費税の課税標準となる消費税額計算表（簡易用）」
- 第4-4号様式「付表5-1　控除対象仕入税額等の計算表（簡易用）」

❷ 旧税率（経過措置）の適用がある場合

その課税期間の取引に旧税率がある場合には、以下の書類も添付することとなります。

- 第4-7号様式「付表4-2　税率別消費税額計算表兼地方消費税の課税標準となる消費税額計算表〔経過措置対象課税資産の譲渡等を含む課税期間用〕（簡易用）」
- 第4-8号様式「付表5-2　控除対象仕入税額等の計算表〔経過措置対象課税資産の譲渡等を含む課税期間用〕（簡易用）」

第3-(3)号様式

平成　年　月　日

税務署長殿

納　税　地

（電話番号　　　　-　　　　-　　　　）

（フリガナ）
名　　称
又は屋号

個人番号
又は法人番号

（フリガナ）
代表者氏名
又は氏名

一　連　番　号

※
税
務
署
処
理
欄

申告年月日　平成

申告区分　指導等　庁指定　局指定

通信日付印　確認印　個人番号カード
通知カード・運転免許証
その他（　　）

身元
確認

指導年月日
平成

相談　区分1　区分2　区分3

翌年以降
送付不要

簡

第
一
表

平成三十一年十月一日以後終了課税期間分（簡易課税用）

自 平成　　年　　月　　日
至 平成　　年　　月　　日

課税期間分の消費税及び地方
消費税の（　　　）申告書

中間申告　自 平成　　年　　月　　日
の場合の
対象期間　至 平成　　年　　月　　日

この申告書による消費税の税額の計算

		十兆千百十億千百十万千百十一円
課税標準額	①	0 0 0
消費税額	②	
貸倒回収に係る消費税額	③	
控除税額 控除対象仕入税額	④	
返還等対価に係る税額	⑤	
貸倒れに係る税額	⑥	
控除税額小計（④＋⑤＋⑥）	⑦	
控除不足還付税額（⑦－②－③）	⑧	
差引税額（②＋③－⑦）	⑨	0 0
中間納付税額	⑩	0 0
納付税額（⑨－⑩）	⑪	0 0
中間納付還付税額（⑩－⑨）	⑫	0 0
この申告書が修正申告である場合 既確定税額	⑬	
差引納付税額	⑭	0 0
この課税期間の課税売上高	⑮	
基準期間の課税売上高	⑯	

この申告書による地方消費税の税額の計算

地方消費税の課税標準となる消費税額 控除不足還付税額	⑰	
差引税額	⑱	0 0
譲渡割額 還付額	⑲	
納税額	⑳	0 0
中間納付譲渡割額	㉑	0 0
納付譲渡割額（⑳－㉑）	㉒	0 0
中間納付還付譲渡割額（㉑－⑳）	㉓	0 0
この申告書が修正申告である場合 既確定譲渡割額	㉔	
差引納付譲渡割額	㉕	0 0
消費税及び地方消費税の合計（納付又は還付）税額	㉖	

※⑭＝⑪＋⑫－（⑮＋㉑＋㉒＋㉓）・修正申告の場合㉒＋㉕＋㉖
※この還付税額と見る欄はマイナス「－」を付けてください。

付記事項	割賦基準の適用	有	無
	延払基準等の適用	有	無
	工事進行基準の適用	有	無
	現金主義会計の適用	有	無
参考事項	課税標準額に対する消費税額の計算の特例の適用	有	無

事業区分項	区分	課税売上高（免税売上高を除く）	売上割合%
	第1種	千円	
	第2種		
	第3種		
	第4種		
	第5種		
	第6種		
	特例計算適用（令57③）	有	無

還付を受けようとする金融機関等

銀　行　　本店・支店
金庫・組合　出張所
農協・漁協　本所・支所

預金　口座番号

ゆうちょ銀行の
貯金記号番号

郵便局名等

※税務署整理欄

税理士
署名押印

（電話番号　　　　-　　　　-　　　　）

税理士法第30条の書面提出有

税理士法第33条の2の書面提出有

【 付表 4 - 1 税率別消費税額計算表兼地方消費税の課税標準となる消費税額計算表（簡易用） 】

第4-(3)号様式

付表4-1 税率別消費税額計算表 兼 地方消費税の課税標準となる消費税額計算表　　簡易

| 課税期間 | ・　・　～　・　・ | 氏名又は名称 | |

区　　分		旧税率分小計 X	税率6.24％適用分 D	税率7.8％適用分 E	合　計　F (X+D+E)
課 税 標 準 額	①	(付表4-2の①X欄の金額)　円　000	円　000	円　000	※第二表の①欄へ　円　000
課税資産の譲渡等の対価の額	①-1	(付表4-2の①-1X欄の金額)	※第二表の⑤欄へ	※第二表の⑪欄へ	※第二表の⑦欄へ
消　費　税　額	②	(付表4-2の②X欄の金額)	※付表5-1の①D欄へ　※第二表の⑮欄へ	※付表5-1の①E欄へ　※第二表の⑯欄へ	※付表5-1の①F欄へ　※第二表の⑪欄へ
貸倒回収に係る消費税額	③	(付表4-2の③X欄の金額)	※付表5-1の②D欄へ	※付表5-1の②E欄へ	※付表5-1の②F欄へ　※第一表の③欄へ
控除	控除対象仕入税額	④	(付表4-2の④X欄の金額)	(付表5-1の⑤D欄又は㉒D欄の金額)	(付表5-1の⑤E欄又は㉒E欄の金額)	(付表5-1の⑤F欄又は㉒F欄の金額)　※第一表の④欄へ
除	返還等対価に係る税額	⑤	(付表4-2の⑤X欄の金額)	※付表5-1の③D欄へ	※付表5-1の③E欄へ	※付表5-1の③F欄へ　※第二表の⑰欄へ
税	貸倒れに係る税額	⑥	(付表4-2の⑥X欄の金額)			※第一表の⑥欄へ
額	控除税額小計 (④+⑤+⑥)	⑦	(付表4-2の⑦X欄の金額)			※第一表の⑦欄へ
控除不足還付税額 (⑦-②-③)	⑧	(付表4-2の⑧X欄の金額)	※⑪E欄へ	※⑪E欄へ	
差 引 税 額 (②+③-⑦)	⑨	(付表4-2の⑨X欄の金額)	※⑫E欄へ	※⑫E欄へ	
合 計 差 引 税 額 (⑨-⑧)	⑩				※マイナスの場合は第一表の⑧欄へ　※プラスの場合は第一表の⑨欄へ
地方消費税の課税標準となる消費税額	控除不足還付税額	⑪	(付表4-2の⑪X欄の金額)		(⑧D欄と⑧E欄の合計金額)	
	差 引 税 額	⑫	(付表4-2の⑫X欄の金額)		(⑨D欄と⑨E欄の合計金額)	
合計差引地方消費税の課税標準となる消費税額 (⑫-⑪)	⑬	(付表4-2の⑬X欄の金額)		※第二表の㉑欄へ	※マイナスの場合は第一表の⑱欄へ　※プラスの場合は第一表の⑲欄へ　※第二表の㉒欄へ
譲渡割額	還 付 額	⑭	(付表4-2の⑭X欄の金額)		(⑪E欄×22/78)	
	納 税 額	⑮	(付表4-2の⑮X欄の金額)		(⑫E欄×22/78)	
合 計 差 引 譲 渡 割 額 (⑮-⑭)	⑯				※マイナスの場合は第一表の㉑欄へ　※プラスの場合は第一表の⑳欄へ

注意　1　金額の計算においては、1円未満の端数を切り捨てる。
　　　2　旧税率が適用された取引がある場合は、付表4-2を作成してから当該付表を作成する。

(H31.10.1以後終了課税期間用)

【 付表5-1 控除対象仕入税額等の計算表（簡易用） 】

第4-(4)号様式

第4-(4)号様式

付表5-1　控除対象仕入税額等の計算表

	簡易

課税期間	・　・　～　・　・	氏名又は名称	

I　控除対象仕入税額の計算の基礎となる消費税額

項　目		旧税率分小計 X	税率6.24%適用分 D	税率7.8%適用分 E	合計 F (X+D+E)
課　税　標　準　額　に 対　す　る　消　費　税　額	①	(付表5-2の①X欄の金額) 円	(付表4-1の①D欄の金額) 円	(付表4-1の①E欄の金額) 円	(付表4-1の①F欄の金額) 円
貸　倒　回　収　に 係　る　消　費　税　額	②	(付表5-2の②X欄の金額)	(付表4-1の②D欄の金額)	(付表4-1の②E欄の金額)	(付表4-1の②F欄の金額)
売　上　対　価　の　返　還　等 に　係　る　消　費　税　額	③	(付表5-2の③X欄の金額)	(付表4-1の③D欄の金額)	(付表4-1の③E欄の金額)	(付表4-1の③F欄の金額)
控除対象仕入税額の計算 の基礎となる消費税額 （①＋②－③）	④	(付表5-2の④X欄の金額)			

II　1種類の事業の専業者の場合の控除対象仕入税額

項　目		旧税率分小計 X	税率6.24%適用分 D	税率7.8%適用分 E	合計 F (X+D+E)
④ × みなし仕入率 （90%・80%・70%・60%・50%・40%）	⑤	(付表5-2の⑤X欄の金額) 円	※付表4-1の⑤D欄へ 円	※付表4-1の⑤E欄へ 円	※付表4-1の⑤F欄へ 円

III　2種類以上の事業を営む事業者の場合の控除対象仕入税額
(1)　事業区分別の課税売上高（税抜き）の明細

項　目		旧税率分小計 X	税率6.24%適用分 D	税率7.8%適用分 E	合計 F (X+D+E)	
事　業　区　分　別　の　合　計　額	⑥	(付表5-2の⑥X欄の金額) 円	円	円	円	売上割合
第　一　種　事　業 （　卸　売　業　）	⑦	(付表5-2の⑦X欄の金額)			※第一表「事業区分」欄へ	%
第　二　種　事　業 （　小　売　業　）	⑧	(付表5-2の⑧X欄の金額)			※	"
第　三　種　事　業 （　製　造　業　等　）	⑨	(付表5-2の⑨X欄の金額)			※	"
第　四　種　事　業 （　そ　の　他　）	⑩	(付表5-2の⑩X欄の金額)			※	"
第　五　種　事　業 （　サ　ー　ビ　ス　業　等　）	⑪	(付表5-2の⑪X欄の金額)			※	"
第　六　種　事　業 （　不　動　産　業　）	⑫	(付表5-2の⑫X欄の金額)			※	"

(2)　(1)の事業区分別の課税売上高に係る消費税額の明細

項　目		旧税率分小計 X	税率6.24%適用分 D	税率7.8%適用分 E	合計 F (X+D+E)
事　業　区　分　別　の　合　計　額	⑬	(付表5-2の⑬X欄の金額) 円	円	円	円
第　一　種　事　業 （　卸　売　業　）	⑭	(付表5-2の⑭X欄の金額)			
第　二　種　事　業 （　小　売　業　）	⑮	(付表5-2の⑮X欄の金額)			
第　三　種　事　業 （　製　造　業　等　）	⑯	(付表5-2の⑯X欄の金額)			
第　四　種　事　業 （　そ　の　他　）	⑰	(付表5-2の⑰X欄の金額)			
第　五　種　事　業 （　サ　ー　ビ　ス　業　等　）	⑱	(付表5-2の⑱X欄の金額)			
第　六　種　事　業 （　不　動　産　業　）	⑲	(付表5-2の⑲X欄の金額)			

注意　1　金額の計算においては、1円未満の端数を切り捨てる。
　　　2　旧税率が適用された取引がある場合は、付表5-2を作成してから当該付表を作成する。
　　　3　課税売上げにつき返品を受け又は値引き・割戻しをした金額（売上対価の返還等の金額）があり、売上（収入）金額から減算しない方法で経理して経費に含めている場合には、⑥から⑫欄には売上対価の返還等の金額（税抜き）を控除した後の金額を記載する。

(1/2)

(H31.10.1以後終了課税期間用)

イ 原則計算を適用する場合

控除対象仕入税額の計算式区分	旧税率分小計 X	税率6.24%適用分 D	税率7.8%適用分 E	合計F (X+D+E)
$④ × みなし仕入率$ $\dfrac{⑭×90\%+⑮×80\%+⑯×70\%+⑰×60\%+⑱×50\%+⑲×40\%}{⑬}$ ⑳	(付表5-2の⑳X欄の金額) 円	円	円	円

ロ 特例計算を適用する場合

(イ) 1種類の事業で75%以上

控除対象仕入税額の計算式区分	旧税率分小計 X	税率6.24%適用分 D	税率7.8%適用分 E	合計F (X+D+E)
(⑦F・⑧F・⑨F・⑩F・⑪F・⑫F)/⑥F≧75% ④×みなし仕入率(90%・80%・70%・60%・50%・40%) ㉑	(付表5-2の㉑X欄の金額) 円	円	円	円

(ロ) 2種類の事業で75%以上

控除対象仕入税額の計算式区分	旧税率分小計 X	税率6.24%適用分 D	税率7.8%適用分 E	合計F (X+D+E)
第一種事業及び第二種事業 $(⑦F+⑧F)/⑥F≧75\%$ $④×\dfrac{⑭×90\%+(⑬-⑭)×80\%}{⑬}$ ㉒	(付表5-2の㉒X欄の金額)			
第一種事業及び第三種事業 $(⑦F+⑨F)/⑥F≧75\%$ $④×\dfrac{⑭×90\%+(⑬-⑭)×70\%}{⑬}$ ㉓	(付表5-2の㉓X欄の金額)			
第一種事業及び第四種事業 $(⑦F+⑩F)/⑥F≧75\%$ $④×\dfrac{⑭×90\%+(⑬-⑭)×60\%}{⑬}$ ㉔	(付表5-2の㉔X欄の金額)			
第一種事業及び第五種事業 $(⑦F+⑪F)/⑥F≧75\%$ $④×\dfrac{⑭×90\%+(⑬-⑭)×50\%}{⑬}$ ㉕	(付表5-2の㉕X欄の金額)			
第一種事業及び第六種事業 $(⑦F+⑫F)/⑥F≧75\%$ $④×\dfrac{⑭×90\%+(⑬-⑭)×40\%}{⑬}$ ㉖	(付表5-2の㉖X欄の金額)			
第二種事業及び第三種事業 $(⑧F+⑨F)/⑥F≧75\%$ $④×\dfrac{⑮×80\%+(⑬-⑮)×70\%}{⑬}$ ㉗	(付表5-2の㉗X欄の金額)			
第二種事業及び第四種事業 $(⑧F+⑩F)/⑥F≧75\%$ $④×\dfrac{⑮×80\%+(⑬-⑮)×60\%}{⑬}$ ㉘	(付表5-2の㉘X欄の金額)			
第二種事業及び第五種事業 $(⑧F+⑪F)/⑥F≧75\%$ $④×\dfrac{⑮×80\%+(⑬-⑮)×50\%}{⑬}$ ㉙	(付表5-2の㉙X欄の金額)			
第二種事業及び第六種事業 $(⑧F+⑫F)/⑥F≧75\%$ $④×\dfrac{⑮×80\%+(⑬-⑮)×40\%}{⑬}$ ㉚	(付表5-2の㉚X欄の金額)			
第三種事業及び第四種事業 $(⑨F+⑩F)/⑥F≧75\%$ $④×\dfrac{⑯×70\%+(⑬-⑯)×60\%}{⑬}$ ㉛	(付表5-2の㉛X欄の金額)			
第三種事業及び第五種事業 $(⑨F+⑪F)/⑥F≧75\%$ $④×\dfrac{⑯×70\%+(⑬-⑯)×50\%}{⑬}$ ㉜	(付表5-2の㉜X欄の金額)			
第三種事業及び第六種事業 $(⑨F+⑫F)/⑥F≧75\%$ $④×\dfrac{⑯×70\%+(⑬-⑯)×40\%}{⑬}$ ㉝	(付表5-2の㉝X欄の金額)			
第四種事業及び第五種事業 $(⑩F+⑪F)/⑥F≧75\%$ $④×\dfrac{⑰×60\%+(⑬-⑰)×50\%}{⑬}$ ㉞	(付表5-2の㉞X欄の金額)			
第四種事業及び第六種事業 $(⑩F+⑫F)/⑥F≧75\%$ $④×\dfrac{⑰×60\%+(⑬-⑰)×40\%}{⑬}$ ㉟	(付表5-2の㉟X欄の金額)			
第五種事業及び第六種事業 $(⑪F+⑫F)/⑥F≧75\%$ $④×\dfrac{⑱×50\%+(⑬-⑱)×40\%}{⑬}$ ㊱	(付表5-2の㊱X欄の金額)			

ハ 上記の計算式区分から選択した控除対象仕入税額

項目	旧税率分小計 X	税率6.24%適用分 D	税率7.8%適用分 E	合計F (X+D+E)
選択可能な計算式区分 (⑳~㊱) の内から選択した金額 ㊲	※付表5-2の㊲X欄の金額 円	※付表4-1のD欄へ 円	※付表4-1のE欄へ 円	※付表4-1のF欄へ 円

注意　1　金額の計算においては、1円未満の端数を切り捨てる。
　　　2　旧税率が適用された取引がある場合は、付表5-2を作成してから当該付表を作成する。

(2／2)

(H31.10.1以後終了課税期間用)

【 付表4－2 税率別消費税額計算表兼地方消費税の課税標準となる消費税額計算表〔経過措置対象課税資産の譲渡等を含む課税期間用〕（簡易用） 】

第4-(7)号様式

付表4－2　税率別消費税額計算表　兼　地方消費税の課税標準となる消費税額計算表〔経過措置対象課税資産の譲渡等を含む課税期間用〕

簡易

課税期間	・・～・・	氏名又は名称	

区　　　分		税率3％適用分 A	税率4％適用分 B	税率6.3％適用分 C	旧税率分小計 X (A+B+C)
課税標準額	①	円 000	円 000	円 000	※付表4-1の①X欄へ 円 000
課税資産の譲渡等の対価の額	①-1	※第二表の②欄へ	※第二表の③欄へ	※第二表の④欄へ	※付表4-1の①-1X欄へ
消費税額	②	※付表5-2の①X欄へ ※第二表の⑫欄へ	※付表5-2の①B欄へ ※第二表の⑬欄へ	※付表5-2の①C欄へ ※第二表の⑮欄へ	※付表4-1の②X欄へ
貸倒回収に係る消費税額	③	※付表5-2の②A欄へ	※付表5-2の②B欄へ	※付表5-2の②C欄へ	※付表4-1の③X欄へ
控除税額	控除対象仕入税額	④	(付表5-2の⑤A欄又は㉕A欄の金額)	(付表5-2の⑤B欄又は㉕B欄の金額)	(付表5-2の⑤C欄又は㉕C欄の金額)	※付表4-1の④X欄へ
	返還等対価に係る税額	⑤	※付表5-2の③A欄へ	※付表5-2の③B欄へ	※付表5-2の③C欄へ	※付表4-1の⑤X欄へ
	貸倒れに係る税額	⑥				※付表4-1の⑥X欄へ
	控除税額小計 (④+⑤+⑥)	⑦				※付表4-1の⑦X欄へ
控除不足還付税額 (⑦-②-③)	⑧		※⑪B欄へ	※⑪C欄へ	※付表4-1の⑧X欄へ
差引税額 (②+③-⑦)	⑨		※⑫B欄へ	※⑫C欄へ	※付表4-1の⑨X欄へ
合計差引税額 (⑨-⑧)	⑩				
地方消費税の課税標準となる消費税額	控除不足還付税額	⑪		(⑧B欄の金額)	(⑧C欄の金額)	※付表4-1の⑪X欄へ
	差引税額	⑫		(⑨B欄の金額)	(⑨C欄の金額)	※付表4-1の⑫X欄へ
合計差引地方消費税の課税標準となる消費税額 (⑫-⑪)	⑬		※第二表の㉑欄へ	※第二表の㉒欄へ	※付表4-1の⑬X欄へ
譲渡割額	還付額	⑭		(⑪B欄×25/100)	(⑪C欄×17/63)	※付表4-1の⑭X欄へ
	納税額	⑮		(⑫B欄×25/100)	(⑫C欄×17/63)	※付表4-1の⑮X欄へ
合計差引譲渡割額 (⑮-⑭)	⑯				

注意　1　金額の計算においては、1円未満の端数を切り捨てる。
　　　2　旧税率が適用された取引がある場合は、当該付表を作成してから付表4-1を作成する。

(H31.10.1以後終了課税期間用)

第4-(8)号様式

付表5-2　控除対象仕入税額等の計算表　　　　　　　　　　　　　　　　　　　　　　　　　　　　　　　　　　　　　簡　易
〔経過措置対象課税資産の譲渡等を含む課税期間用〕

課税期間	・　・～　・　・	氏名又は名称	

I　控除対象仕入税額の計算の基礎となる消費税額

項　目		税率3%適用分 A	税率4%適用分 B	税率6.3%適用分 C	旧税率分小計 X (A+B+C)
課　税　標　準　額　に対　す　る　消　費　税　額	①	（付表4-2の①A欄の金額）　円	（付表4-2の①B欄の金額）　円	（付表4-2の①C欄の金額）　円	※付表4-2の①X欄へ　円
貸　倒　回　収　に係　る　消　費　税　額	②	（付表4-2の③A欄の金額）	（付表4-2の③B欄の金額）	（付表4-2の③C欄の金額）	※付表4-2の③X欄へ
売　上　対　価　の　返　還　等に　係　る　消　費　税　額	③	（付表4-2の⑤A欄の金額）	（付表4-2の⑤B欄の金額）	（付表4-2の⑤C欄の金額）	※付表4-2の⑤X欄へ
控　除　対　象　仕　入　税　額　の　計　算の　基　礎　と　な　る　消　費　税　額（ ① ＋ ② － ③ ）	④				※付表5-1の①X欄へ

II　1種類の事業の専業者の場合の控除対象仕入税額

項　目		税率3%適用分 A	税率4%適用分 B	税率6.3%適用分 C	旧税率分小計 X (A+B+C)
④ × みなし仕入率（90%・80%・70%・60%・50%・40%）	⑤	※付表4-2の④A欄へ　円	※付表4-2の④B欄へ　円	※付表4-2の④C欄へ　円	※付表5-1の②X欄へ　円

III　2種類以上の事業を営む事業者の場合の控除対象仕入税額

(1)　事業区分別の課税売上高(税抜き)の明細

項　目		税率3%適用分 A	税率4%適用分 B	税率6.3%適用分 C	旧税率分小計 X (A+B+C)
事　業　区　分　別　の　合　計　額	⑥	円	円	円	※付表5-1の⑥X欄へ　円
第　一　種　事　業（　卸　売　業　）	⑦				※付表5-1の⑦X欄へ
第　二　種　事　業（　小　売　業　）	⑧				※付表5-1の⑧X欄へ
第　三　種　事　業（　製　造　業　等　）	⑨				※付表5-1の⑨X欄へ
第　四　種　事　業（　そ　の　他　）	⑩				※付表5-1の⑩X欄へ
第　五　種　事　業（サ　ー　ビ　ス　業　等）	⑪				※付表5-1の⑪X欄へ
第　六　種　事　業（　不　動　産　業　）	⑫				※付表5-1の⑫X欄へ

(2)　(1)の事業区分別の課税売上高に係る消費税額の明細

項　目		税率3%適用分 A	税率4%適用分 B	税率6.3%適用分 C	旧税率分小計 X (A+B+C)
事　業　区　分　別　の　合　計　額	⑬	円	円	円	※付表5-1の⑬X欄へ　円
第　一　種　事　業（　卸　売　業　）	⑭				※付表5-1の⑭X欄へ
第　二　種　事　業（　小　売　業　）	⑮				※付表5-1の⑮X欄へ
第　三　種　事　業（　製　造　業　等　）	⑯				※付表5-1の⑯X欄へ
第　四　種　事　業（　そ　の　他　）	⑰				※付表5-1の⑰X欄へ
第　五　種　事　業（サ　ー　ビ　ス　業　等）	⑱				※付表5-1の⑱X欄へ
第　六　種　事　業（　不　動　産　業　）	⑲				※付表5-1の⑲X欄へ

注意　1　金額の計算においては、1円未満の端数を切り捨てる。
　　　2　旧税率が適用された取引がある場合は、当該付表を作成してから付表5-1を作成する。
　　　3　課税売上げにつき返品を受け又は値引き・割戻しをした金額（売上対価の返還等の金額）があり、売上（収入）金額から減算しない方法で経理して経費に含めている場合には、⑥から⑫欄には売上対価の返還等の金額（税抜き）を控除した後の金額を記載する。

(1／2)　　(H31.10.1以後終了課税期間用)

(3) 控除対象仕入税額の計算式区分の明細

イ 原則計算を適用する場合

控除対象仕入税額の計算式区分		税率3%適用分 A	税率4%適用分 B	税率6.3%適用分 C	旧税率分小計 X (A＋B＋C)
④ × みなし仕入率 $\dfrac{⑭×90\%＋⑮×80\%＋⑯×70\%＋⑰×60\%＋⑱×50\%＋⑲×40\%}{⑬}$	㉑	円	円	円	※付表5-1の㉑欄へ　円

ロ 特例計算を適用する場合

(イ) 1種類の事業で75%以上

控除対象仕入税額の計算式区分 （各項のF欄については付表5-1のF欄を参照のこと）		税率3%適用分 A	税率4%適用分 B	税率6.3%適用分 C	旧税率分小計 X (A＋B＋C)
(⑦F／⑤F・⑧F／⑤F・⑨F／⑤F・⑩F／⑤F・⑪F／⑤F・⑫F)≧75% ④×みなし仕入率(90%・80%・70%・60%・50%・40%)	㉑	円	円	円	※付表5-1の㉑欄へ　円

(ロ) 2種類の事業で75%以上

控除対象仕入税額の計算式区分 （各項のF欄については付表5-1のF欄を参照のこと）		税率3%適用分 A	税率4%適用分 B	税率6.3%適用分 C	旧税率分小計 X (A＋B＋C)
第一種事業及び第二種事業 (⑦F＋⑧F)／⑥F≧75%	④×$\dfrac{⑭×90\%＋(⑬－⑭)×80\%}{⑬}$ ㉒	円	円	円	※付表5-1の㉒欄へ　円
第一種事業及び第三種事業 (⑦F＋⑨F)／⑥F≧75%	④×$\dfrac{⑭×90\%＋(⑬－⑭)×70\%}{⑬}$ ㉓				※付表5-1の㉓欄へ
第一種事業及び第四種事業 (⑦F＋⑩F)／⑥F≧75%	④×$\dfrac{⑭×90\%＋(⑬－⑭)×60\%}{⑬}$ ㉔				※付表5-1の㉔欄へ
第一種事業及び第五種事業 (⑦F＋⑪F)／⑥F≧75%	④×$\dfrac{⑭×90\%＋(⑬－⑭)×50\%}{⑬}$ ㉕				※付表5-1の㉕欄へ
第一種事業及び第六種事業 (⑦F＋⑫F)／⑥F≧75%	④×$\dfrac{⑭×90\%＋(⑬－⑭)×40\%}{⑬}$ ㉖				※付表5-1の㉖欄へ
第二種事業及び第三種事業 (⑧F＋⑨F)／⑥F≧75%	④×$\dfrac{⑮×80\%＋(⑬－⑮)×70\%}{⑬}$ ㉗				※付表5-1の㉗欄へ
第二種事業及び第四種事業 (⑧F＋⑩F)／⑥F≧75%	④×$\dfrac{⑮×80\%＋(⑬－⑮)×60\%}{⑬}$ ㉘				※付表5-1の㉘欄へ
第二種事業及び第五種事業 (⑧F＋⑪F)／⑥F≧75%	④×$\dfrac{⑮×80\%＋(⑬－⑮)×50\%}{⑬}$ ㉙				※付表5-1の㉙欄へ
第二種事業及び第六種事業 (⑧F＋⑫F)／⑥F≧75%	④×$\dfrac{⑮×80\%＋(⑬－⑮)×40\%}{⑬}$ ㉚				※付表5-1の㉚欄へ
第三種事業及び第四種事業 (⑨F＋⑩F)／⑥F≧75%	④×$\dfrac{⑯×70\%＋(⑬－⑯)×60\%}{⑬}$ ㉛				※付表5-1の㉛欄へ
第三種事業及び第五種事業 (⑨F＋⑪F)／⑥F≧75%	④×$\dfrac{⑯×70\%＋(⑬－⑯)×50\%}{⑬}$ ㉜				※付表5-1の㉜欄へ
第三種事業及び第六種事業 (⑨F＋⑫F)／⑥F≧75%	④×$\dfrac{⑯×70\%＋(⑬－⑯)×40\%}{⑬}$ ㉝				※付表5-1の㉝欄へ
第四種事業及び第五種事業 (⑩F＋⑪F)／⑥F≧75%	④×$\dfrac{⑰×60\%＋(⑬－⑰)×50\%}{⑬}$ ㉞				※付表5-1の㉞欄へ
第四種事業及び第六種事業 (⑩F＋⑫F)／⑥F≧75%	④×$\dfrac{⑰×60\%＋(⑬－⑰)×40\%}{⑬}$ ㉟				※付表5-1の㉟欄へ
第五種事業及び第六種事業 (⑪F＋⑫F)／⑥F≧75%	④×$\dfrac{⑱×50\%＋(⑬－⑱)×40\%}{⑬}$ ㊱				※付表5-1の㊱欄へ

ハ 上記の計算式区分から選択した控除対象仕入税額

項　　目		税率3%適用分 A	税率4%適用分 B	税率6.3%適用分 C	旧税率分小計 X (A＋B＋C)
選択可能な計算式区分(㉑～㊱) の内から選択した金額	㊲	※付表4-2の④A欄へ　円	※付表4-2の④B欄へ　円	※付表4-2の④C欄へ　円	※付表5-1の㊲欄へ

注意 1 　金額の計算においては、1円未満の端数を切り捨てる。
　　 2 　旧税率が適用された取引がある場合は、当該付表を作成してから付表5-1を作成する。

(2／2)

(3) 特例計算（経過措置）の提出書類

　中小事業者が課税売上げ及び課税仕入れ等のいずれも税率の異なるごとに区分して合計することにつき困難な事情がある場合は、売上税額の計算の特例と仕入税額の計算の特例がありますが、それぞれ以下の書類も添付することとなります。

❶　軽減売上割合を適用する場合
- 第 5-1 号様式「課税資産の譲渡等の対価の額の計算表〔軽減売上割合（10 営業日）を使用する課税期間用〕（売上区分用）」

❷　小売等軽減仕入割合を適用する場合
- 第 5-2 号様式「課税資産の譲渡等の対価の額の計算表〔小売等軽減仕入割合を使用する課税期間用〕（売上区分用）」

❸　小売等軽減売上割合を適用する場合
- 第 5-3 号様式「課税仕入れ等の税額の計算表〔小売等軽減売上割合を使用する課税期間用〕（仕入区分用）」

【　課税資産の譲渡等の対価の額の計算表〔軽減売上割合（10 営業日）を使用する課税期間用〕（売上区分用）　】

第5-(1)号様式

課税資産の譲渡等の対価の額の計算表〔軽減売上割合(10営業日)を使用する課税期間用〕 売上区分用

　軽減対象資産の譲渡等(税率6.24%適用分)を行う事業者が、適用対象期間中に国内において行った課税資産の譲渡等(免税取引及び旧税率(6.3%等)が適用される取引は除く。)の税込価額を税率の異なるごとに区分して合計することにつき困難な事情があるときは、この計算表を使用して計算をすることができます(所得税法等の一部を改正する法律(平成28年法律第15号)附則38①)。

以下の①～⑪欄に、当該適用対象期間中に行った取引について記載してください。

課　税　期　間	・・　～　・・	氏 名 又 は 名 称	
適 用 対 象 期 間	・・　～　・・		

		事 業 の 区 分 ご と の 計 算			合　計
		(　　　)	(　　　)	(　　　)	
税率ごとの区分が困難な事業における課税資産の譲渡等	課税資産の譲渡等の税込価額の合計額　①	円	円	円	
	通常の事業を行う連続する10営業日　②	年 月 日 (自)・・ (至)・・	年 月 日 (自)・・ (至)・・	年 月 日 (自)・・ (至)・・	
	②の期間中に行った課税資産の譲渡等の税込価額の合計額　③	円	円	円	
	③のうち、軽減対象資産の譲渡等(税率6.24%適用分)に係る部分の金額(税込み)　④				
	軽減売上割合 (④／③) (※1)　⑤	〔　　　%〕 ※端数切捨て	〔　　　%〕 ※端数切捨て	〔　　　%〕 ※端数切捨て	
	軽減対象資産の譲渡等(税率6.24%適用分)の対価の合計額(税抜き) (①×④／③×100／108)(※1)　⑥	円	円	円	円
	軽減対象資産の譲渡等以外の課税資産の譲渡等(税率7.8%適用分))の対価の額の合計額(税抜き) ((①-①×④／③))×100／110)(※1)　⑦				

　(※1)　主として軽減対象資産の譲渡等(税率6.24%適用分)を行う事業者が、軽減売上割合の算出につき困難な事情があるときは、「50／100」を当該割合とみなして計算することができる。その場合は、②～④欄は記載せず、⑤欄に50と記載し、⑥及び⑦欄の金額の計算において、「④／③」を「50／100」として計算する。

税率ごとの区分が困難な事業以外の事業の課税資産の譲渡等	軽減対象資産の譲渡等(税率6.24%適用分)の対価の合計額(税抜き)(※2)　⑧	円
	軽減対象資産の譲渡等以外の課税資産の譲渡等(税率7.8%適用分)の対価の額の合計額(税抜き)(※3)　⑨	

(※2)　⑧欄には、軽減対象資産の譲渡等(税率6.24%適用分)のみを行う事業における課税資産の譲渡等の対価の額を含む。
(※3)　⑨欄には、軽減対象資産の譲渡等以外の課税資産の譲渡等(税率7.8%適用分)のみを行う事業における課税資産の譲渡等の対価の額を含む。

全課税資産の譲渡等における	軽減対象資産の譲渡等(税率6.24%適用分)の対価の額の合計額(税抜き) (⑥合計＋⑧)　⑩	※付表1-1を使用する場合は、付表1-1の①-1D欄へ ※付表4-1を使用する場合は、付表4-1の①-1D欄へ　　円
	軽減対象資産の譲渡等以外の課税資産の譲渡等(税率7.8%適用分)の対価の額の合計額(税抜き) (⑦合計＋⑨)　⑪	※付表1-1を使用する場合は、付表1-1の①-1E欄へ ※付表4-1を使用する場合は、付表4-1の①-1E欄へ

注意　1　金額の計算においては、1円未満の端数を切り捨てる。
　　　2　事業の区分ごとの計算がこの計算表に記載しきれないときは、この計算表を複数枚使用し、事業の区分ごとに①～⑦欄を適宜計算した上で、いずれか1枚の計算表に⑥及び⑦欄の合計額を記載する。

【 課税資産の譲渡等の対価の額の計算表〔小売等軽減仕入割合を使用する課税期間用〕（売上区分用）】

第5-(2)号様式

課税資産の譲渡等の対価の額の計算表〔小売等軽減仕入割合を使用する課税期間用〕 【売上区分用】

　軽減対象資産の譲渡等(税率6.24%適用分)を行う事業者が、適用対象期間中に国内において行った卸売業及び小売業に係る課税資産の譲渡等(免税取引及び旧税率(6.3%等)が適用される取引は除く。)の税込価額を税率の異なるごとに区分して合計することにつき困難な事情があるときは、この計算表を使用して計算することができます(所得税法等の一部を改正する法律(平成28年法律第15号)附則38②)。
　以下の①～⑬欄に、当該適用対象期間中に行った取引について記載してください。

課　税　期　間	・　・　～　・　・	氏 名 又 は 名 称	
適 用 対 象 期 間	・　・　～　・　・		

			事 業 の 区 分 ご と の 計 算		合　計
			(　　　　　)	(　　　　　)	
卸売業及び小売業に係る課税取引	課税仕入れに係る支払対価の額（税込み）	①	円	円	
	特定課税仕入れに係る支払対価の額×110／100 （経過措置により旧税率が適用される場合は×108／100）	②			
	保税地域から引き取った課税貨物に係る税込引取価額	③			
	課税仕入れに係る支払対価の額等の合計額 （①＋②＋③）	④			
	④のうち、軽減対象資産の譲渡等(税率6.24%適用分)にのみ要するものの金額（税込み）	⑤			
	小　売　等　軽　減　仕　入　割　合 （⑤／④）　（※1）	⑥	〔　　　％〕 ※端数切捨て	〔　　　％〕 ※端数切捨て	
	課税資産の譲渡等の税込価額の合計額	⑦	円	円	
	軽減対象資産の譲渡等(税率6.24%適用分)の対価の額の合計額（税抜き） （⑦×⑤／④×100／108）（※1）	⑧			円
	軽減対象資産の譲渡等以外の課税資産の譲渡等(税率7.8%適用分)の対価の額の合計額（税抜き） （(⑦－(⑦×⑤／④))×100／110）（※1）	⑨			

　（※1） 主として軽減対象資産の譲渡等(税率6.24%適用分)を行う事業者が、小売等軽減仕入割合の算出につき困難な事情があるときは、「50／100」を当該割合とみなして計算することができる。その場合は、①～⑤欄は記載せず、⑥欄に50と記載し、⑧及び⑨欄の金額の計算において、「⑤／④」を「50／100」として計算する。

卸売業及び小売業に係る課税取引以外	軽減対象資産の譲渡等(税率6.24%適用分)の対価の額の合計額（税抜き）	⑩			円
	軽減対象資産の譲渡等以外の課税資産の譲渡等(税率7.8%適用分)の対価の額の合計額（税抜き）	⑪			

全事業に係る課税取引	軽減対象資産の譲渡等(税率6.24%適用分)の対価の額の合計額（税抜き） （⑧合計＋⑩）	⑫	※付表1-1の①-1D欄へ		円
	軽減対象資産の譲渡等以外の課税資産の譲渡等(税率7.8%適用分)の対価の額の合計額（税抜き） （⑨合計＋⑪）	⑬	※付表1-1の①-1E欄へ		

注意　1　金額の計算においては、1円未満の端数を切り捨てる。
　　　2　事業の区分ごとの計算がこの計算表に記載しきれないときは、この計算表を複数枚使用し、事業の区分ごとに①～⑨欄を適宜計算した上で、いずれか1枚の計算表に⑧及び⑨欄の合計額を記載する。

【 課税仕入れ等の税額の計算表〔小売等軽減売上割合を使用する課税期間用〕（仕入区分用）】

第5-(3)号様式

課税仕入れ等の税額の計算表〔小売等軽減売上割合を使用する課税期間用〕 仕入区分用

軽減対象資産の譲渡等（税率6.24％適用分）を行う事業者が、適用対象期間中に国内において行った卸売業及び小売業に係る課税仕入れに係る支払対価の額又は当該適用対象期間中に保税地域から引き取った課税貨物に係る税込引取価額を税率の異なるごとに区分して合計することにつき困難な事情があるときは、この計算表を使用して計算をすることができます（所得税法等の一部を改正する法律（平成28年法律第15号）附則39①）。

以下の①〜⑧欄、⑪〜⑯欄及び⑰〜⑳欄には、当該適用対象期間中に行った取引について記載してください。

課 税 期 間	・ ・ ～ ・ ・	氏名又は名称	
適 用 対 象 期 間	・ ・ ～ ・ ・		

卸売業及び小売業に係る課税取引			事 業 の 区 分 ご と の 計 算		合 計
			（ ）	（ ）	
	課税資産の譲渡等（免税取引及び旧税率(6.3%等)が適用される取引は除く。）の税込価額の合計額	①	円	円	
	軽減対象資産の譲渡等（税率6.24％適用分）の税込価額の合計額	②			
	小 売 等 軽 減 売 上 割 合（②／①）	③	〔 ％〕 ※端数切捨て	〔 ％〕 ※端数切捨て	
	課税仕入れに係る支払対価の額（税込み）	④	円	円	
	保税地域から引き取った課税貨物に係る税込引取価額	⑤			
	課税仕入れに係る支払対価の額等の合計額（④＋⑤）	⑥			
	軽減対象資産に係る課税仕入れ等(税率6.24％適用分)の税額（※1）（⑥×②／①×6.24／108）	⑦			円
	軽減対象資産に係る課税仕入れ等以外の課税仕入れ等(税率7.8％適用分)の税額（※1）（(⑥－(⑥×②／①))×7.8／110）	⑧			
	納税義務の免除を受けない（受ける）こととなった場合における消費税額の調整（加算又は減算）額	⑨ 税率6.24％適用分 円	⑩ 税率7.8％適用分 円	

（※1） 値引き、割戻し、割引きなど仕入対価の返還等の金額がある場合には、裏面の3を参照する。

卸売業及び小売業に係る課税取引以外の取引			税率6.24％適用分 イ	税率7.8％適用分 ロ
	課税仕入れに係る支払対価の額（税込み）（※2）	⑪	円	円
	課税仕入れに係る消費税額	⑫	（⑪イ欄×6.24／108）	（⑪ロ欄×7.8／110）
	特定課税仕入れに係る支払対価の額	⑬	※⑬及び⑭欄は、課税売上割合が95％未満、かつ、特定課税仕入れがある事業者のみ記載する。	
	特定課税仕入れに係る消費税額	⑭		（⑬ロ欄×7.8／100）
	課税貨物に係る消費税額	⑮		
	納税義務の免除を受けない（受ける）こととなった場合における消費税額の調整（加算又は減算）額	⑯		
	課税仕入れ等の税額の合計額（⑫＋⑭＋⑮＋⑯）	⑰		⑱

（※2） 値引き、割戻し、割引きなど仕入対価の返還等の金額がある場合には、その金額を控除した後の金額を⑪欄に記載する。

全課税事業に係る取引				
	軽減対象資産に係る課税仕入れ等(税率6.24％適用分)の税額の合計額（⑦合計±⑨＋⑰）	⑲	※付表2-1の⑬D欄へ	円
	軽減対象資産に係る課税仕入れ等以外の課税仕入れ等(税率7.8％適用分)の税額の合計額（⑧合計＋⑩＋⑱）	⑳	※付表2-1の⑬E欄へ	

注意 1 金額の計算においては、1円未満の端数を切り捨てる。

2 事業の区分ごとの計算がこの計算表に記載しきれないときは、この計算表を複数枚使用し、事業の区分ごとに①〜⑧欄を適宜計算した上で、いずれか1枚の計算表に⑦及び⑧欄の合計額を記載する。

第4節 区分記載請求書等の記載事項

1 区分記載請求書等の記載内容

　軽減税率制度が導入された場合には、複数税率に対応した請求書等に記載内容を変更しなければなりません。

　具体的には、軽減税率と標準税率を区分した「区分記載請求書等」に変更することとなります。なお、仕入税額控除の要件については、従来どおり帳簿及び請求書等の保存となり、帳簿及び請求書等の記載事項に一定の事項を加えたものを保存することとなります。（新消法附則34②）

(1)　区分記載請求書等の記載事項

　区分記載請求書等の記載事項は以下のとおりです。

　イ　発行者の氏名又は名称

　ロ　取引年月日

　ハ　取引の内容

　ニ　受領者の氏名又は名称

　ホ　軽減対象資産の譲渡等である旨　　追加

　ヘ　税率ごとに区分して合計した対価の額（税込）　　追加

（注）「軽減対象資産の譲渡等である旨」の記載は、軽減税率の対象となる商品に「※」印等の記号を表示し、別途「※は軽減対象」と明記しても問題ありません。
　　　また、取引を行った売手側と買手側の双方が、軽減税率適用対象の商品がわかるのであれば、「※」印等を付す方法以外にも、例えば、適用税率ごとに請求書を分け、それぞれの請求書に税率を明記する方法なども認められます。

請求書

〇〇〇　御中

平成 31 年 11 月分　32,600 円（税込）

11/1	牛肉	5Kg	※	10,8000 円
11/8	割り箸	4 組		5,500 円
11/15	豚肉	5Kg	※	5,400 円
11/20	レジ袋	10 束		5,500 円
11/30	牛肉	2Kg	※	5,400 円

合計　　　　　　　　　　　　　32,600 円
（10% 対象　11,000 円）
（8% 対象　21,600 円）

ABC 商事㈱

「※」は軽減税率対象であることを示します。

(2)　軽減対象資産の譲渡等である旨の記載について

　軽減対象資産の譲渡等である旨の記載については、軽減対象資産の譲渡等であることが客観的に明らかであるといえる程度の表示がされていればよく、個々の取引ごとに 10% や 8% の税率が記載されている場合のほか、以下の場合も軽減対象資産譲渡等である旨の記載であると認められます。（軽減通達 18）

❶ 請求書において、軽減税率の対象となる商品に「※」や「☆」といった記号・番号等を表示し、かつこれらの記号・番号等が「軽減対象資産の譲渡等である旨」を別途「※は軽減対象」と表示し明らかにしている場合

⦿ (記載例)

① 軽減税率対象品目には「※」を記載
② 税率ごとに合計した課税資産の譲渡等の対価の額（税込）を記載
③ 「※」が軽減税率対象品目であることを示すことを記載

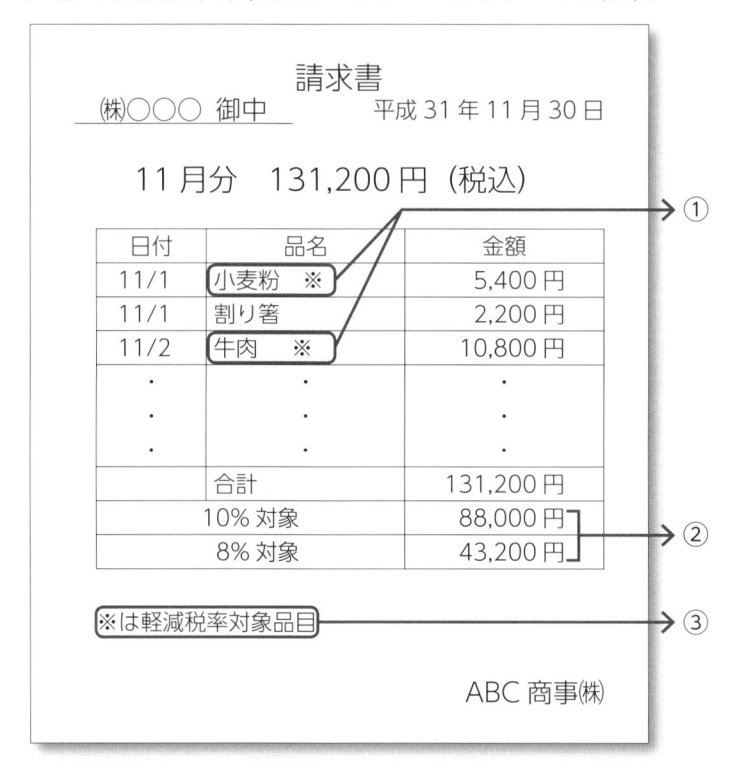

❷ 同一の請求書において、軽減税率対象となる商品とそれ以外の商品とを区分し、軽減税率対象となる商品として区分されたものについて、その全体が軽減税率の対象であることが表示されている場合

⦿（記載例）

請求書

㈱○○○　御中　　　　　平成 31 年 11 月 30 日

11 月分　131,200 円（税込）

日付	品名	金額
11/1	小麦粉　※	5,400 円
11/1	牛肉　※	10,800 円
：	：	：
：	：	：
	8% 対象	43,200 円
11/2	割り箸	2,200 円
：	：	：
：	：	：
	10% 対象	88,000 円
	合計	131,200 円

※は軽減税率対象品目

ABC 商事㈱

❸ 軽減税率の対象となる商品に係る請求書とそれ以外の商品に係る請求書とを分けて作成し、軽減税率の対象となる商品に係る請求書において、そこに記載された商品が軽減税率の対象であることが表示されている場合

⦿《軽減税率対象分》

請求書
（軽減税率対象）

<u>㈱○○○　御中</u>　　　　平成 31 年 11 月 30 日

11 月分　43,200 円（税込）

日付	品名	金額
11/1	小麦粉	5,400 円
11/1	牛肉	10,800 円
・	・	・
・	・	・
・	・	・
	合計	43,200 円

ABC 商事㈱

⦿《軽減税率対象分以外》

```
┌─────────────────────────────────────────────┐
│                   請求書                      │
│  ㈱○○○  御中          平成 31 年 11 月 30 日 │
│                                               │
│      11 月分  88,000 円 （税込）              │
│                                               │
│   ┌────────┬────────────┬────────────┐       │
│   │  日付  │   品名     │   金額     │       │
│   ├────────┼────────────┼────────────┤       │
│   │  11/2  │  割り箸    │  2,200 円  │       │
│   │   ·    │     ·      │     ·      │       │
│   │   ·    │     ·      │     ·      │       │
│   │   ·    │     ·      │     ·      │       │
│   ├────────┼────────────┼────────────┤       │
│   │        │   合計     │  88,000 円 │       │
│   └────────┴────────────┴────────────┘       │
│                                               │
│                          ABC 商事㈱           │
└─────────────────────────────────────────────┘
```

(3)　請求書の記載事項の留意点

❶　多数の商品登録が行えないレジにより発行するレシート等の記載内容の留意点

　中小の小売店等が利用しているレジには、多数の商品を登録できない（個別の商品名等を全て登録できない）ケースが考えられます。

　このような場合には、その店舗が取り扱っている商品の一般的な総称（八百屋であれば「野菜」、精肉店であれば「肉」、又は一括して「食品」や「飲食料品」などと記載）の記載であっても、取引された資産が、課税資産の譲渡等に係るものであること、軽減対象資産とそれ以外のものであることが、交付を受けた事業者において把握できる程度のものであれば、区分記載請求書等保存方式における請求書等の記載事項である「資産の内容」を満たすものとして取り扱われることとなります。

　ただし、レシートに「部門 01」などによる記載は、取引の内容が記載

されていると言えないので記載事項を満たしていないこととなります。

⊙ (認められない事例)

```
            ○○精肉店

平成 31 年 11 月 1 日

            ┌─────────┐
            │ 領  収  書 │
            └─────────┘
部門 01 ※        1          ¥108
部門 02 ※        1          ¥972
部門 03          1          ¥330
合計                       ¥1,410
            (10% 対象    ¥330)
            (8% 対象    ¥1,080)
            (内消費税等    ¥110)
お預り                     ¥1,500
お   釣                      ¥90
※印は軽減税率対象商品
```

❷ 一定期間分の取引をまとめた場合の記載の留意点

　請求書等を課税期間の範囲内で一定期間分の取引についてまとめて作成する場合、その請求書等に記載すべき課税資産の譲渡等を行った年月日については、○月○日といった個々の日付でなくても、その一定期間を記載すればよいこととされています。

　ただし、一定期間分の取引をまとめて作成した請求書等であっても、平成 31 年 10 月以降は現行制度の記載事項に加えて、「軽減対象資産の譲渡等に係るものである旨」及び「税率ごとに合計した課税資産の譲渡等の対価の額」が追加されることとなります。

　また、同一の商品を一定期間に複数回購入しているような場合、その一定期間分の請求書等に一回ごとの取引の明細が記載又は添付されていなけ

ればなりませんが、請求書等に記載すべき「軽減対象資産の譲渡等に係るものである旨」については同一の商品をまとめて記載しても差し支えありません。

したがって、「10/1 ～ 10/31 野菜※」といったように、10月分の同一の商品をまとめた上で、「※」を記載するなどし、軽減対象資産であることを明らかにしている場合、請求書に取引の明細が添付されていれば「軽減対象資産の譲渡等に係るものである旨」の記載として認められることとなります。

【 参考：課税仕入れに係る資産又は役務の内容の記載例 】

- 青果店……野菜、果実、青果
- 魚介類の卸売業者……魚類、乾物
- 一般の事業者の文房具類の購入……文房具

(4) 仕入税額控除を行うための請求書等

❶ 請求書等への追記

区分記載請求書等保存方式において、仕入税額控除を行うために保存すべき請求書等には、これまでの請求書等の記載事項に加え、「軽減対象資産の譲渡等である旨」及び「税率ごとに区分して合計した課税資産の譲渡等の対価の額（税込）」の2項目の記載が必要となります。

しかしながら、請求書等を発行する事業者がこれらの記載事項に対応できないことも考えられることから、これらの記載がない請求書等の交付を受けた事業者が、取引の事実に基づき、受領した請求書等に自ら追記することが認められています。（新消法附則 34 ③）

なお、請求書等の交付を受けた事業者が追記できるのは、「軽減対象資産の譲渡等である旨」及び「税率ごとに区分して合計した課税資産の譲渡等の対価の額（税込）」の2項目に限られており、例えば、品目等の請求

書等に記載されているその他の記載事項についてまで追記・訂正すること
は認められていません。（軽減通達 19）

❷ 免税事業者からの仕入れについて

免税事業者からの仕入れについても現行と同様、仕入税額控除を行うこ
とができます。

この場合、免税事業者からの仕入れであっても、これまでの請求書等の
記載事項に加え、「軽減対象資産の譲渡等である旨」及び「税率ごとに区
分して合計した合計した課税資産の譲渡等の対価の額」の記載のある区分
記載請求書等の保存が必要となります。

❸ 小規模事業者が交付する請求書等に係る記載事項

3 万円未満の取引に係る仕入税額控除ついては、今までと同様に請求書
等の保存がなくても、法令に規定する事項が記載された帳簿の保存のみで
適用することができます。（新消法 30 ⑦）この際、帳簿には、これまでの
事項に加え、「軽減対象資産の譲渡等に係るものである旨」を記載するこ
とが要件となります。

したがって、3 万円未満の取引しか行わない事業者が交付する領収書等
については、厳密な記載項目がなくても相手方の仕入税額控除に影響する
ことはありません。ただし、相手方から要件を満たした記載内容を請求さ
れた場合には、これに応じる必要がありますので、レジの改修やレシート
への手書き補完などの対応を検討するなど一定の措置を講じる必要があり
ます。

2 帳簿等の記載内容

(1) 帳簿の記載事項

軽減税率制度導入後の帳簿への記載事項は、以下のとおりです。

イ　課税仕入れの相手方の氏名又は名称

ロ　取引年月日

ハ　取引の内容

ニ　軽減対象資産の譲渡等である旨　　追加

ホ　課税仕入れに係る支払対価の額

(2)　軽減対象資産の譲渡等である旨の記載

　軽減対象資産の譲渡等である旨の記載については、軽減対象資産の譲渡等であることが客観的に明らかであるといえる程度の表示がされていれば問題ありません。

　したがって、個々の取引ごとに 10% や 8% の税率が記載されている場合以外にも、軽減税率の対象となる取引に「※」印などの記号や番号等を表示し、これらの記号が軽減対象資産譲渡等である旨を「※は軽減税率対象」といった記載をすることで認められます。

第5節　軽減税率制度導入に伴う事前対策

1　商品等の価格表示

(1)　原則的な取扱い

　不特定かつ多数の者（いわゆる消費者）に課税商品等の販売を行う場合における商品の価格表示については、総額表示義務規定（平成16年4月施行）により、税込価格である総額表示をすることが義務付けられています。

　なお、製造業者等が、自己の商品に「希望小売価格」を設定し、商品等に表示している場合がありますが、この表示は、小売店が消費者に対して行う価格表示ではないため、総額表示義務の対象にはなりませんが、小売業者がその「希望小売価格」を販売価格としている場合には、その価格が総額表示義務の対象となります。

　したがって、現在8%の税込価格で表示をしている場合には、平成31年10月1日に消費税率が10%へ引き上げられることから、再び価格表示の変更をしなければなりません。

　なお、『消費税の円滑かつ適正な転嫁の確保のための消費税の転嫁を阻害する行為の是正等に関する特別措置法（以下「消費税転嫁対策特措法」という）』における特例措置により税抜価格のみを表示している場合には、10%の税率引上げにつき価格表示の変更をする必要はありません。

　この価格表示の対象物としては、消費者に対して商品やサービスを販売

する課税事業者が行う価格表示を対象とするものであり、それがどのような表示媒体によるものであるかを問いません。具体的には、以下のようなものが対象物となります。

イ　値札、商品陳列棚、店内表示などによる価格の表示

ロ　商品、容器又は包装による価格の表示及びこれらに添付したものによる価格の表示

ハ　チラシ、パンフレット、商品カタログ、説明書面その他これらに関する価格の表示（ダイレクトメール、ファクシミリ等によるものを含む）

ニ　ポスター、看板（プラカード及び建物、電車又は自動車等に記載されたものを含む）、ネオンサイン、アドバルーンその他これらに類する物による価格の表示

ホ　新聞、雑誌その他の出版物、放送、映写又は電光による価格の表示

ヘ　情報処理の用に供する機器による価格の表示（インターネット、電子メール等によるものを含む）

ト　公共交通機関の運賃表や一定単位（100 グラム、1 リットルなど）の量り売りをする場合の POP の価格表示など

(2)　価格表示の特例措置

平成 25 年 10 月 1 日に施行された「消費税転嫁対策特措法」により総額表示義務に関する特例規定が設けられ、表示する価格が税込価格であると誤認されないための措置を講じているときに限り、税抜価格による表示方法も認められることとなりました。

この消費税転嫁対策特措法は、平成 33 年 3 月 31 日までの時限立法であることから 10% 引上げ時にも適用されることとなり、8% の税率引上げ時と同様に商品等の価格表示につき「税込価格」又は「税抜価格」を事業者が任意に選択することができます。

ただし、平成 33 年 3 月 31 日までには、総額表示義務規定に基づく税込価格を表示する必要があることから、税抜価格を選択している事業者は、税込価格に変更する作業が今後発生することに留意しなければなりません。

　この特例措置により、価格の表示方法としては、「税込価格」又は「税抜価格」の両方が認められていますが、具体的には、以下のような表示方法があります。

税込表示の具体例	税抜表示の具体例
① 総額のみの表示 　11,000 円	① （税抜）と記載 　10,000 円（税抜）
② （税込）と記載 　11,000 円（税込）	② （本体価格）と記載 　10,000 円（本体価格）
③ 税抜価格を併記 　11,000 円（税抜価格 10,000 円）	③ （＋消費税）と記載 　10,000 円＋消費税
④ 消費税額を併記 　11,000 円（うち消費税 1,000 円）	④ 税込価格を併記 　10,000 円（税込価格 11,000 円）
⑤ 税抜価格及び消費税額を併記 　11,000 円（税抜価格 10,000 円、 　消費税 1,000 円）	⑤ 税込価格及び消費税額を併記 　10,000 円（税込価格 11,000 円、 　消費税 1,000 円）

（注）　金額のみの表示は、原則として税込価格となります。

❷　軽減税率が適用される課税資産を販売する場合の表示方法

(1)　軽減税率が適用される課税資産を販売する場合

　軽減税率が適用される飲食料品のみを販売する場合には、現在の消費税率と同じであるため値札、商品陳列棚、店内表示、商品、容器、包装などの価格の表示については、変更する必要がありません。

　ただし、商品販売に係るレジ等で発行するレシート（領収書・請求書等を含む）については、軽減税率である旨の表示が必要となるので注意が必要です。

(2)　標準税率と軽減税率の両方を販売する場合

　スーパーマーケットや百貨店などのように標準税率と軽減税率の両方を販売する場合には、商品等の価格表示を 8% と 10% に区分して表示しなければなりません。

　なお、各商品等につき税率を表示する場合（陳列棚の表示など）には、それぞれ 8% と 10% を表示することとなり、様々な作業が複雑になるので注意が必要です。

　また、商品販売に係るレジ等で発行するレシート（領収書・請求書等を含む）については、標準税率と軽減税率（軽減税率については、軽減税率である旨の表示も必要）に区分して表示できるようにした上で、その集計をできるようにする必要があります。

(3)　飲食店業を営んでいる場合

　飲食設備を設けて飲食店業を営んでいる場合には、店内で飲食料品を提供すると 10%、持ち帰り用として飲食料品を提供（テイクアウト、出前を含む）すると 8% の税率となり、同じ商品等に 2 つの税率を表示させなければならないことから注意が必要です。なお、消費税転嫁対策特措法が適用されている期間は、税抜価格で表示することができますが、その後は税込価格で表示しなければならないこととなります。

(4)　店内飲食とテイクアウトの具体的な表示方法

　事業者が店内飲食（標準税率）及びテイクアウト等（軽減税率）を行う場合には、2 つの税込価格を表示しなければなりませんが、具体的には、以下の方法が考えられます。

❶　テイクアウト等及び店内飲食の両方の税込価格を表示する方法

　店舗内の看板等（メニューを含む）にテイクアウト等及び店内飲食の両

方の税込価格を表示することが考えられます。なお、両方の税込価格に併せて、税抜価格又は消費税額を併記することも認められます。

　この方法を選択する理由としては、「テイクアウト等」と「店内飲食」が同程度の割合で利用される場合において、テイクアウト等と店内飲食の選択における消費者の価格判断を行う際の利便性のために両方を提示するものです。

【　具体例　】

外食事業者のメニュー表示

メニュー

ハンバーガー	330円
	（324円）
コーヒー	165円
	（162円）
ハンバーガーセット	550円
	（540円）

※下段はテイクアウトの値段になります。

メニュー

	店内飲食	（出前）
かけそば	660円	（648円）
天ぷらそば	990円	（972円）
天丼セット	1,100円	（1,080円）

イートインスペースのある小売店等の商品棚における価格表示

カレーパン	162円
（店内飲食）	165円）

❷　テイクアウト等又は店内飲食のどちらか片方のみの税込価格を表示する方法

　テイクアウト等又は店内飲食のどちらか片方のみの税込価格を表示することが考えられます。

この方法を選択する理由としては、以下のような場合が考えられます。

- 「テイクアウト等」の利用がほとんどである小売店等において、「店内飲食」の価格を表示する必要性が乏しい場合
- 「店内飲食」の利用がほとんどである外食事業者において、「テイクアウト等」の価格を表示する必要性が乏しい場合
- 「テイクアウト等」と「店内飲食」両方の価格を表示するスペースがない場合

この片方のみを表示する方法については、消費税法第63条における総額表示義務規定に違反するわけではありませんが、店内飲食とテイクアウトでは適用税率が異なるため、店内飲食の方がテイクアウトよりも税込価格が高いにもかかわらず、片方のみを表示すると景品表示法の規定における禁止される表示（有利誤認）に該当するおそれがあります。

したがって、以下のような方法により、消費者に対して注意喚起した方が望ましいです。

- 「税込価格が別途計算されることがあり得る旨」を店舗内の目立つ場所に掲示する
- 外食事業者の場合は、「テイクアウトの場合はお申し出ください」といった掲示をする
- イートインスペースのある小売店等の場合は、「イートインコーナーを利用する場合はお申し出ください」といった掲示をする

（注）　本書32ページ参照

【 具体例 】

外食事業者のメニュー表示

メニュー	
ハンバーガー	330 円
コーヒー	165 円
ハンバーガーセット	550 円

※テイクアウトの場合、税率が異なりますので、別価格となります。

出前メニュー	
かけそば	648 円
天ぷらそば	972 円
天丼セット	1,080 円

※店内飲食の場合、税率が異なりますので別価格となります。

イートインスペースのある小売店等の商品棚における価格表示

（商品棚の価格表示）

カレーパン	162 円

（店内掲示等）

店内飲食される場合、税率が異なりますので別価格となります。

❸ テイクアウト等の税抜価格を店内飲食の税抜価格より高く設定又は店内飲食の税抜価格を低く設定する場合の表示方法（価格を同じにする）

　事業者がどのような価格設定を行うかについては事業者の任意であるため、軽減税率が適用されるテイクアウト等の税抜価格を標準税率が適用される店内飲食の税抜価格より高く設定したり、店内飲食の税抜価格を低く設定することで同一の税込価格を設定することも可能となります。

【 具体例 】

　　テイクアウト等の税抜価格：102 円（8％）→ 110 円（税込価格）
　　店内飲食の税抜価格：100 円（10％）→ 110 円（税込価格）

　ただし、同一の価格にするには、以下のような合理的な理由が必要となります。

イ　テイクアウト等の税抜価格を上げる例

- 「出前」について、配送料分のコストを上乗せする
- 「テイクアウト」について、箸や容器包装等のコストを上乗せする

ロ　店内飲食の税抜価格を下げる例

- 「店内飲食」について、提供する飲食料品の品数を減らす
- 「店内飲食」の需要を喚起するため

ハ　従業員教育の簡素化や複数の価格を表示することに伴う客とのトラブル防止に資する

【　具体例　】

外食事業者のメニュー表示

メニュー	
ハンバーガー	340 円
コーヒー	160 円
ハンバーガーセット	600 円

メニュー	
かけそば	600 円
天ぷらそば	900 円
天丼セット	1,000 円

イートインスペースのある小売店等の商品棚における価格表示

あんパン	170 円

　上記のような場合には、同一価格を表示することとなりますが、税込価格が仮に同一であったとしても、適用税率が異なることに変わりはないことを踏まえると、消費税の円滑かつ適正な転嫁を確保する観点から、以下の点に留意する必要があります。

- 「全て軽減税率が適用されます」といった表示や「消費税は 8% しか頂きません」といった表示を行うことは、消費税転嫁対策特別措置法や景品表示法により禁止されています。
- テイクアウト等の価格を店内飲食に合わせて値上げする場合には、

消費者から問われた際に、合理的な理由を説明する必要があります。

❹ 税抜価格を表示する方法（平成 33 年 3 月 31 日まで）

消費税転嫁対策特別措置法においては、現に表示する価格が税込価格であると誤認されないための措置（以下「誤認防止措置」という）を講じているときに限り、平成 33 年 3 月 31 日までの間、総額表示義務の特例として税込価格を表示することを要しないこととされています。

その際、現行の誤認防止措置に加え、次に掲げる場合にはそれぞれ以下の対応を行うことが望ましいです。

- 税抜価格とともに消費税額を表示する場合

    テイクアウト等と店内飲食との間で、適用税率が異なるため、両方の消費税額を表示する。（又は、一定の注意喚起のもとにどちらか片方のみの消費税額を表示）

【 具体例 】

外食事業者のメニュー表示

（税抜価格のみを表示）

メニュー
本体価格 (税額・店内飲食/テイクアウト)
ハンバーガー　　300 円　（30 円 /24 円）
コーヒー　　　　150 円　（15 円 /12 円）
ハンバーガーセット 500 円　（50 円 /40 円）

（税抜価格のみを表示）

出前メニュー
かけそば　　　　600 円 +48 円
天ぷらそば　　　900 円 +72 円
天丼セット　1,000 円 +80 円
※店内飲食の場合、税率が異なるため消費税額が異なります。

- 税抜価格のみを表示する場合

    一般消費者の適正な商品又は役務の選択を確保する観点から、店舗内の目立つ場所に、テイクアウト等と店内飲食との間で適用税率

が異なる旨について掲示するなどの方法により、一般消費者に対して注意喚起を行う。

【　具体例　】

(税抜価格のみを表示)

メニュー

ハンバーガー	300円(税抜)
コーヒー	150円(税抜)
ハンバーガーセット	500円(税抜)

※店内飲食とテイクアウトでは、税率が異なりますので、消費税額が異なります。

(税抜価格のみを表示)

出前メニュー

かけそば	600円＋税
天ぷらそば	900円＋税
天丼セット	1,000円＋税

※出前と店内飲食では、税率が異なりますので消費税額が異なります。

イートインスペースのある小売店等の商品棚における価格表示

(商品棚の価格表示)

カレーパン	150円

(店内掲示等)

当店の価格は全て税抜表示となっております。なお、持ち帰りと店内飲食では、税率が異なりますので消費税額が異なります。

③ 軽減税率補助金制度

　消費税軽減税率制度の導入にあたり、8％と10％という複数の税率に対応できる複数税率対応レジの導入や受発注システムの改修を行う必要があることから、その費用（導入済みのレジを改修する費用を含む）の一部につき補助金を支給する制度が設けられました。

　対象者としては、中小企業者が前提（中小企業支援法2）となります。（免税事業者も対象）

(1)　中小企業・小規模事業者の定義（A 型・B 型共通）

イ　中小企業支援法第 2 条第 1 項第 1 号～第 2 号の 3 に規定される中小企業者の場合

対象業種・類型等	下記のいずれかを満たすこと	
	資本金額・出資総額	従業員数
製造業・建設業・運輸業・その他の業種	3 億円以下	300 人以下
卸売業	1 億円以下	100 人以下
小売業	5 千万円以下	50 人以下
サービス業	5 千万円以下	100 人以下

ロ　中小企業支援法第 2 条第 1 項第 3 号（中小企業支援法施行令第 1 条）に規定される中小企業者

対象業種・類型等	下記のいずれかを満たすこと	
	資本金額・出資総額	従業員数
ゴム製品製造業（自動車又は航空機用タイヤ及びチューブ製造業並びに工業用ベルト製造業を除く）	3 億円以下	900 人以下
ソフトウェア業又は情報処理サービス業卸売業	3 億円以下	300 人以下
旅館業	5 千万円以下	200 人以下

ハ　中小企業支援法第 2 条第 1 項第 4 号に規定される中小企業団体
　　事業協同組合、事業協同小組合、協同組合連合会、企業組合、協業組合、商工組合、商工組合連合会

ニ　中小企業支援法第 2 条第 1 項第 5 号に規定される中小企業者
　　特別の法律によって設立された組合又はその連合会であって、その直接又は間接の構成員たる事業者の 2/3 以上が上記イ及びロの中小企業者

ホ　特定非営利活動法人（従業員数 50 人以下）

ヘ　社会福祉法人（従業員数 50 人以下）

ト　消費生活協同組合（資本金 5 千万円以下又は従業員数 50 人以下）

チ　商工会・都道府県商工会連合会及び商工会議所

リ　商店街振興組合及び商店街振興組合連合会

ヌ　その他中小企業庁長官が認める者

- 法人格を持たない団体で飲食料品を継続的に事業として販売している団体等
- 風営適正化法の許可を受けた宿泊業（旅館、ホテルに限る）であって風営適正化法の適用外の事業で複数税率対応レジの導入や改修、受発注システムの改修等の必要がある者

（注）　以下の（イ）〜（ハ）のいずれかに該当する中小企業者（みなし大企業）は補助対象外となります。

（イ）　発行済株式の総数又は出資価格の総額の1/2以上を同一の大企業が所有している中小企業者

（ロ）　発行済株式の総数又は出資価格の総額の2/3以上を大企業が所有している中小企業者

（ハ）　大企業の役員又は職員を兼ねている者が、役員総数の1/2以上を占めている中小企業者

（2）　複数税率対応レジの導入支援

　飲食料品の小売などを営む事業者で、日々の売上げをレジで記録・管理している場合、軽減税率制度の導入後もレジに同様の機能を持たせるためには、複数税率対応レジへの買替えや改修が必要となります。そこで、一定の中小企業者については、複数税率対応レジの導入等に対して補助金が受けられます。

❶　補助金の対象となるもの

以下のような費用を支払う場合には、補助金の対象となります。

イ　複数税率対応の機能を有する POS 機能のないレジの導入費用

ロ　複数税率非対応のレジを対応レジに改修する場合の費用

ハ　複数税率に対応したレジ機能サービスをタブレット、PC、スマートフォンの汎用端末と付属機器を組み合わせて、レジとして利用する場合の導入費用

ニ POSレジシステムを複数税率に対応するように改修又は導入する
費用

❷ レジの種類と特徴

対象となるレジの種類としては、以下のようなものがあります。

イ メカレジ

POS機能のないレジで、ガチャレジ等ともいいます。シンプルで手
動による操作を行うものやインターネットに接続して売上集計管理を行
うもの等、様々な種類があります。

キャッシュドロアやレシート印刷ができる機能がついているものが一
般的です。

ロ モバイルPOSレジ

レジ機能サービスをタブレット等の汎用端末と付属機器を組み合わせ
てPOSレジとしたものです。レジを置くスペースを取らないことも大
きなメリットで、周辺機器との通信機能を有するので、持ち運びも可能
でお客様のテーブルで注文を請けたり、会計したりできます。

ハ POSレジ

バーコードから販売時点で商品情報を読み取り、記録されたデータを
分析して売れ筋を把握するなどのPOS機能を持つレジです。性別や年
齢等顧客の様々な情報を組み合わせてより詳細な分析をしたり、在庫状
況や商品発注などを一元的に管理したりすることが可能です。

❸ 補助金の対象者

複数税率への対応が必要となる中小の小売事業者等が対象となります。
（複数税率対応レジを持たない者に限ります）

❹ 申請区分

レジの種類や複数税率への対応方法（導入／改修）により4種類の申請
区分に分かれます。

A-1 型：レジ・導入型	複数税率対応の機能を有する POS 機能のないレジを対象機器とし、その導入費用を補助対象とします。
A-2 型：レジ・改修型	複数税率非対応のレジを、対応レジに改修する場合の費用を補助対象とします。
A-3 型：モバイル POS レジシステム	複数税率に対応した継続的なレジ機能サービスを汎用端末（タブレット、PC、スマートフォン）とレシートプリンタを含む付属機器を組み合わせて、レジとして利用する場合の導入費用を補助対象とします。
A-4 型：POS レジシステム	POS レジシステムを複数税率に対応するように改修又は導入する場合の費用を補助対象とします。

❺ 補助率

原則として費用の額の2／3となります。

ただし、導入費用が3万円未満の機器を1台のみ購入する場合は3／4、タブレット等の汎用端末は1／2となります。（周辺機器とのセット購入のみ補助対象）

❻ 補助上限

レジ1台あたりの上限は、20万円となります。新たに行う商品マスタの設定や機器設置に費用を要する場合は、さらに1台あたり20万円が加算されます。

なお、複数台の申請等については、1事業者あたり200万円を上限とします。

❼ 補助対象

レジの対象となる機器としては、以下のようなものがあります。

　イ　レジ本体

　ロ　レジ付属機器（レシートプリンタ・キャッシュドロア・バーコードリーダー・クレジットカード決済端末・カスタマーディスプレイ等）

　ハ　機器設置に要する経費（運搬費を含む）

　ニ　商品マスタの設定費用

　　（注）　具体的な対象機種等は、補助金事務局ホームページで公表しています。また、リー

スの場合も対象です。リース契約を利用する場合は、リースの開始日以降に補助金申請を行います。

【 タブレット・PC・スマートフォンを活用したレジシステムの具体例 】

タブレット、PC、スマートフォンと付属機器を組み合わせて、複数税率対応のレジとして利用する場合の補助率は、以下のとおりです。

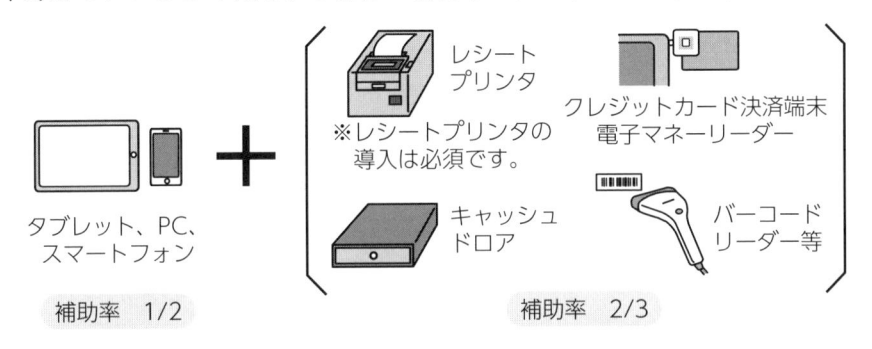

出典：中小企業庁「消費税軽減税率まるわかり BOOK」より

❽ 申請手続

申請者自身による申請に加え、ホームページで公表されている一部のメーカー、販売店、ベンダーなど、代理申請協力店などによる申請（代理申請）が可能です。（A-4 型は代理申請必須）

❾ 申請のタイミング

機器を導入又は改修して全ての支払いが完了した後、速やかに申請することとなります。（事後申請）なお、メーカーや販売店、ベンダーなどの代理申請も可能です。

❿ 補助金申請の対象・受付期間

平成 31 年 9 月 30 日までに導入・改修して、支払いが完了したレジが対象となります。

なお、補助金の申請受付期限は平成 31 年 12 月 16 日（消印有効）となっています。

（3） 受発注システムの改修等支援

　卸売業と小売業の間で発注、出荷、請求などについて電子的受発注システム（EDI/EOS等）を利用して取引を行っているケースも少なくありません。それ以外にも、商品の出荷、納品、請求書の発行等を一括して管理する販売管理システムを利用している事業者も多く、その取扱商品に飲食料品が含まれている場合には、複数税率に対応するための機能について、改修・入替を行う必要があります。そこで、一定の中小企業者については、複数税率対応の受発注システムに対して補助金が受けられます。

　なお、この補助金は、原則として既に電子的受発注システムを利用している事業者が対象となります。

❶　補助金の対象となるもの（申請区分）

　指定事業者に改修等を依頼するか、事業者自身でパッケージ製品・サービスを購入又は導入するかで以下の2種類の申請区分に分かれます。

B-1型：受発注システム（指定事業者改修型）	システムベンダー等に発注して、受発注システムの改修・入替をする場合の費用を補助対象とします。
B-2型：受発注システム（自己導入型）	中小企業・小規模事業者等が自らパッケージ製品・サービスを購入・導入して受発注システムの改修・入替をする場合の費用を補助対象とします。

（注）　リースによる導入も補助対象となります。

❷　補助金の対象者

　軽減税率制度の導入に伴い、電子的に受発注を行うシステムの改修等を行う必要がある中小の小売事業者、卸売事業者等が対象となります。

❸　補助率

　改修・入替に係る費用の2/3です。補助対象範囲外の機能を含むパッケージ製品・サービスについては、初期購入費用の1/2を補助対象経費とし、これに補助率を乗じることとなります。

❹ 補助額上限

補助額の上限については、システム等の内容により以下のようになります。

イ　小売事業者等の発注システムの場合：1,000万円

ロ　卸売事業者等の受注システムの場合：150万円

ハ　発注システム・受注システム両方の場合：1,000万円

❺ 補助対象

補助の対象となる具体的なシステム等の内容は、以下のようになります。

なお、受発注管理とともに在庫管理、財務会計などが一体となったパッケージソフトやサービスについては、電子的受発注システムの機能を含むものであれば、補助の対象となります。

また、このシステム等の変更をリース取引とした場合であっても補助の対象となります。

イ　電子的受発注データのフォーマットやコード等の改修

ロ　現在利用している電子的受発注システムから複数税率に対応したシステムへの入替

ハ　電子的受発注システムに必須となる商品マスタ、発注・購買管理、受注管理機能のうち、複数税率対応に伴い必要となる改修・入替

❻ 申請方法

専門知識を必要とするシステムの改修のため、申請者に代わって、あらかじめ事務局が指定したシステムベンダーなどが「代理申請」を行います。

ただし、パッケージ製品・サービスを自ら購入し導入する場合（B-2型）は申請者自身による申請となります。（代理申請も可）

❼ 申請のタイミング

交付申請は、システム改修・入替前に行う必要があります。交付決定前に、契約又は作業着手をした場合は補助対象になりませんので注意が必要です。

ただし、パッケージ製品・サービスを自ら購入し導入する場合（B-2 型）は導入後に申請します。

❽　補助金申請の対象・受付期間

　平成31年6月28日までに交付申請を行い（自ら購入し導入する場合（B-2型）を除く）、交付決定後平成31年9月30日までにシステム改修・入替を完了させることとなります。

　なお、システム改修等が完了した場合には、事業完了報告書を平成31年12月16日（消印有効）までに提出しなければなりません。

(4)　補助金制度の留意点

❶　リース取引の場合

　リース（ファイナンスリースに限る）によるレジの導入や受発注システムの改修・入替も補助の対象となります。

　なお、リース取引の場合には、「指定リース事業者」として指定されているリース事業者との共同申請が必須となります。

　また、リース契約日及びリース開始日が補助対象期間内（平成31年9月30日まで）であることが必要です。

　リース取引の場合、補助金については、指定リース事業者に直接振り込まれることとなります。

　リース取引の申請につき留意すべき事項としては、以下のようなものがあります。

　　イ　機器等の導入・改修、電子的受発注システムの導入・改修・入替にあたり、リースを利用する場合、リース事業者は独立行政法人中小企業基盤整備機構が指定したリース事業者でなければなりません。

　　　　その場合、使用者を申請者（中小企業・小規模事業者等）、所有者を共同申請者（指定リース事業者）として共同で補助金申請を行うことになります。

ロ　リース期間中の中途解約又は解除が原則できない契約であることが必要です。

ハ　物件価額と付随費用がリース料で概ね（90%以上）回収される契約であることが必要です。

ニ　中小企業・小規模事業者に対して補助金交付相当額についてリース料金が低減されることが必要です。

ホ　同一申請において、自己購入とリースの併用はできません。（B型のみ）

ヘ　原則として財産処分制限期間の間使用することを前提とした契約にすることが必要です。

❷　新規開業による導入について

　開業後、レジを使用して日頃から軽減税率対象商品を販売しており、軽減税率対象商品を将来にわたり継続的に販売するために複数税率対応レジを導入又は改修する必要のある事業者であれば、補助の対象となります。

　なお、申請の際、軽減税率対象商品（飲食料品等）が記載された仕入納品書、又は仕入請求書を添付することになりますが、複数税率対応レジ導入・改修後に軽減税率対象商品（飲食料品等）を継続的に販売していることのわかる売上実績等の事実確認をする場合があります。

❸　本事業における申請者の要件である「軽減税率対象商品を将来にわたり継続的に販売するために、複数税率対応レジを導入又は改修する必要のある事業者であること」の意義

　この意義については、軽減税率対象商品を将来にわたり、継続的に販売する[※1]ために複数税率対応レジを導入又は改修する[※2]必要のある中小事業者が対象となります。

[※1]　日頃からレジを使用していること（一時的な販売や短期間の販売のレジの使用は該当しません）

[※2]　軽減税率制度の実施に伴い、商品の販売時に複数の消費税率（標準税率10%と軽減税率8%）を区分して記載された請求書・領収書（レシート）を発行する必要のある事業者

❹ 中古品のレジ購入

中古の機器等を導入する場合は、改修用として事務局に登録済みの機器を、改修完了後に、事務局に登録された中古販売事業者から導入した場合に限り補助金の申請が認められます。

なお、本体機器と一体で購入した中古の付属機器も対象となります。

また、中古の機器については、「A-1 レジ・導入型」又は「A-4 POS レジシステム（導入型）」のいずれかで補助金申請することになります。

(5) 軽減税率制度の実施において活用したい制度

中小事業者の場合には、納税義務者に有利となる様々な税制措置や融資制度があり、軽減税率制度の実施に合わせて活用を検討してみる必要があります。

制度	対象者	内容
少額減価償却資産の損金算入の特例	青色申告書を提出する中小企業者等（従業員 1,000 人超を除く）	30 万円未満の減価償却資産を取得した場合、その全額を経費として算入することができます。（合計 300 万円まで）
商業・サービス業・農林水産業活性化税制	アドバイス機関から指導・助言等を受けた青色申告書を提出する中小企業者等	経営改善設備（※1）を取得した場合、取得価額の 30％ の特別償却又は 7％ の税額控除が適用できます。
中小企業投資促進税制	青色申告書を提出する中小企業者等	一定のソフトウェア等を取得した場合、取得価額の 30％ の特別償却又 7％ の税額控除が適用できます。
中小企業経営強化税制	中小企業等経営強化法の認定を受けた青色申告書を提出する中小企業者等	経営力向上設備（※2）を取得した場合、即時償却又は 10％ の税額控除が適用できます。

固定資産税の特例	中小企業等経営強化法の認定を受けた中小企業者等	経営力向上設備[※2]を取得した場合、当該設備に係る固定資産税の課税標準を3年間、2分の1に軽減します。

（※1）　経営改善設備とは、商工会議所等からの経営改善に関する指導及び助言に基づき取得する一定の器具備品（パソコン、レジ等）・建物附属設備を指します。

（※2）　本税制の対象となる経営力向上設備とは、中小企業等経営強化法により認定を受けた経営力向上計画に記載された一定の器具備品（パソコン、レジ等）・ソフトウェア等を指します。

第2章

軽減税率制度に
関する
Q＆A

業種別の適用税率

Q1 飲食料品の卸売業

当社は、飲食料品の卸売業を営んでいますが、軽減税率制度が導入されることで経理上注意すべき点はどのようなものがありますか。

Answer 飲食料品は、軽減税率の対象となることからその商品の仕入れや売上げは、軽減税率の対象となります。ただし、例えば、包装材料等を飲食料品とは別に販売する場合の売上げや仕入れは、軽減税率とはならず標準税率が適用されます。

したがって、売上げや仕入れの消費税額の計算の際には、食材とこれら包装材料等の食品以外とを区分して計算する必要があります。

また、請求書等の発行についても標準税率と軽減税率を区分して記載しなければなりません。（区分記載請求書等の発行）

Q2 食品加工・食品製造業

当社は、飲食料品の加工を行っていますが、軽減税率制度が導入されることで経理上注意すべき点はどのようなものがありますか。

 食品の加工や製造を行い、その食品の販売を行う場合の売上げは、原則として軽減税率の対象となります。ただし、飲食料品とは別に包装材料等を販売する場合には、軽減税率とはならず標準税率が適用されます。

なお、食品の加工品や製品の製造過程で発生したものを家畜等の飼料として販売した場合も人の食用にはならないことから標準税率が適用されます。

したがって、売上げに係る消費税の計算については、食品の加工品や製品の売上げとそれ以外の売上げとを区分して計算する必要があります。

また、仕入れについては、加工品や製品の原料として飲食料品を仕入れた場合には軽減税率の対象となりますが、その原料に酒類がある場合や容器や包装材料を仕入れた場合には、標準税率が適用されます。

したがって、仕入れに係る消費税の計算の際には、食材とこれら包装材料等の食品以外とを区分して計算する必要があります。

さらに、請求書等の発行についても標準税率と軽減税率を区分して記載しなければなりません。（区分記載請求書等の発行）

Q3 飲食料品のみ販売する小売業

当社は、青果店（野菜などの飲食料品のみを販売）を営んでいますが、軽減税率制度が導入されることで経理上注意すべき点はどのようなものがありますか。

Answer 飲食料品の小売業（青果店、精肉店、鮮魚店など）を営んでいる場合で、飲食料品のみを取り扱っている際の売上げは、全て軽減税率の対象となります。

また、仕入れについては、その飲食料品の仕入れは軽減税率の対象とな

りますが、レジ袋などの包装材料等^(※)の購入は標準税率が適用されます。

したがって、仕入れに係る消費税の計算の際には、飲食料品と包装材料等の食品以外とを区分して計算する必要があります。

また、購入者に引き渡すレシートについては、軽減税率である旨の表示をしなければなりません。（区分記載請求書等の発行）

(※)　包装材料等とは、飲食料品を包むラップ材、プラスチック製のケース、発泡スチロール製の入れ物、レジ袋などが該当します。

Q4 飲食料品とそれ以外の商品を販売する小売業

当社は、飲食料品と飲食料品以外の商品を取り扱うスーパーを営んでいますが、軽減税率制度が導入されることで経理上注意すべき点はどのようなものがありますか。

飲食料品と飲食料品以外の商品を取り扱う場合の売上げは、税率が異なることから売上げに係る消費税につき標準税率と軽減税率に区分して計算する必要があります。

また、仕入れに係る消費税の計算の際にも、飲食料品の仕入れ（軽減税率）とそれ以外の仕入れ（標準税率）に区分して計算することとなります。

販売した際に引き渡すレシートや領収書等についても、標準税率と軽減税率を区分して記載しなければなりません。（区分記載請求書等の発行）

なお、店舗内の商品価格の表示についても標準税率と軽減税率を区分する必要があります（消費税転嫁対策特措法により税抜価格のみの表示であれば変更はありません）。

Q5 弁当販売や宅配サービスの事業

当社は、店舗による弁当の販売や宅配サービス業を営んでいますが、軽減税率制度が導入されることで経理上注意すべき点はどのようなものがありますか。

Answer　店舗（飲食設備はない）による弁当の販売や宅配サービス事業の売上げは、全て軽減税率の対象となります。

また、仕入れについては、弁当の食材などの飲食料品の購入は、軽減税率の対象となりますが、弁当の容器や割り箸、それらを入れるレジ袋などは飲食料品ではないため標準税率が適用されます。

なお、調味料として使用するみりんやお酒は酒類に該当することから標準税率が適用されます。（みりん風調味料は、酒類ではないため軽減税率）

したがって、仕入れに係る消費税の計算の際には、食材などの飲食料品（軽減税率）の仕入れと酒類や包装材料などの飲食料品以外（標準税率）とを区分して計算する必要があります。

さらに、販売した際に引き渡すレシートや領収書等については、軽減税率である旨の表示をしなければなりません。（区分記載請求書等の発行）

Q6 飲食店やレストラン事業

当社は、店舗による飲食店業を営んでいますが、軽減税率制度が導入されることで経理上注意すべき点はどのようなものがありますか。

 　　　　店舗（飲食設備を含む）を設けて行う飲食店での売上げは、軽減税率の適用除外となる外食に該当し、軽減税率の対象とはならず標準税率が適用されます。

　ただし、その飲食店内の飲食ではなく出前やテイクアウトの売上げについては、飲食料品の譲渡となり軽減税率が適用されます。

　したがって、売上げに係る消費税の計算については、店内飲食と出前（テイクアウトを含む）に区分して計算する必要があります。

　また、仕入れに係る消費税の計算の際には、食材などの飲食料品の仕入れ（軽減税率）とそれ以外の仕入れ（標準税率）に区分して計算することとなります。

　さらに、販売した際に引き渡すレシートや領収書等についても、店内飲食分（標準税率）と出前分（軽減税率）を区分して記載しなければなりません。（区分記載請求書等の発行）

　飲食店の場合には、外食に該当すれば標準税率、出前やテイクアウトに該当すれば軽減税率が適用されることから、メニューや価格表の看板等の価格表示については、注意が必要です。

Q7 ファストフードの事業

　当社は、ファストフード店を営んでいますが、軽減税率制度が導入されることで経理上注意すべき点はどのようなものがありますか。

 　　　　ファストフード店において、店内飲食での売上げについては、外食に該当し、軽減税率の対象とはならず標準税率が適用されますが、テイクアウトの売上げについては、飲食料品の譲渡となり軽減税率の対象となります。

したがって、売上げに係る消費税の計算については、店内飲食とテイクアウトに区分して計算する必要があります。

　また、仕入れに係る消費税の計算の際には、食材などの飲食料品の仕入れ（軽減税率）とそれ以外の仕入れ（標準税率）に区分して計算することとなります。

　さらに、販売した際に引き渡すレシートや領収書等についても、店内飲食（標準税率）とテイクアウト（軽減税率）を区分して記載しなければなりません。（区分記載請求書等の発行）

　なお、その飲食料品の提供が、「店内飲食」に該当するのか、「テイクアウト」に該当するのかは、その飲食料品の提供を行った時（販売時点）において、その場で飲食するのか、持ち帰るのかを相手方に意思確認するなどの方法により判定することとなります。（軽減通達11）

　ファストフード店の場合には、外食に該当すれば標準税率、テイクアウトに該当すれば軽減税率が適用されることから、メニューや価格表の看板等の価格表示については、注意が必要です。

Q8 コンビニエンス業

　当社は、イートインスペースを設置しているコンビニエンスストアを営んでいますが、軽減税率制度が導入されることで経理上注意すべき点はどのようなものがありますか。

Answer　コンビニエンスストアでの売上げについては、飲食料品の譲渡は軽減税率が適用され、飲食料品以外の商品は標準税率が適用されることから、売上げに係る消費税の計算については区分して計算する必要があります。

　また、イートインスペースにて、トレイや返却が必要な食器に入れて飲

食料品を提供する場合には、店内のイートインスペースで飲食させる「食事の提供」であり、軽減税率の適用対象となりません。

　したがって、売上げに係る消費税の計算については、飲食料品の譲渡（軽減税率）と飲食料品以外の商品の譲渡及びイートインスペースの売上げ（標準税率）に区分して計算する必要があります。

　また、仕入れに係る消費税の計算の際には、飲食料品の仕入れ（軽減税率）とそれ以外の仕入れ（標準税率）に区分して計算することとなります。

　さらに、販売した際に引き渡すレシートや領収書等についても、飲食料品（軽減税率）、それ以外の商品（標準税率）、イートインスペースでの飲食に係る部分（標準税率）を区分して記載しなければなりません。

　なお、コンビニエンスストアで、ホットスナックや弁当のように持ち帰ることも店内で飲食することも可能な商品については、顧客に対して店内飲食か持ち帰りかの意思確認を行うなどの方法で判定することとなりますが、全ての顧客に店内飲食か持ち帰りかを質問することを必要とするものではなく、例えば、「イートインコーナーを利用する場合はお申し出ください」等の掲示をして意思確認を行うなど、営業の実態に応じた方法で意思確認を行うこととして差し支えありません。

(注) 本書 32 ページ参照

Q9 ケータリング事業

　当社は、店舗を持たずに顧客の指定場所において食事を提供する、いわゆるケータリング業を営んでいますが、軽減税率制度が導入されることで経理上注意すべき点はどのようなものがありますか。

 ケータリングや出張料理については、相手方が指定した場所において行う加熱、調理又は給仕等の役務を伴う飲食料品の提供に該当し、軽減税率の対象とはなりません。

したがって、売上げに係る消費税の計算については、全て軽減税率の対象とはならず標準税率が適用されます。

また、仕入れに係る消費税の計算の際には、食材などの飲食料品の仕入れ（軽減税率）とそれ以外の仕入れ（標準税率）に区分して計算することとなります。

解 説

ケータリング・出張料理は、相手方が指定した場所で、飲食料品の提供を行う事業者が食材等を持参して調理して提供することや調理済みの食材を当該指定された場所で加熱して温かい状態で提供すること等をいい、具体的には以下のような場合が該当します。

- 相手方が指定した場所で飲食料品の盛り付けを行う場合
- 相手方が指定した場所で飲食料品が入っている器を配膳する場合
- 相手方が指定した場所で飲食料品の提供とともに取り分け用の食器等を飲食に適する状態に配置等を行う場合

Q10 飲食料品を取り扱わない事業

当社は、建設業を営んでおり、飲食料品に係る売上げが発生することはありません。この場合において、軽減税率制度が導入されることで経理上注意すべき点はどのようなものがありますか。

売上げに関しては、飲食料品の譲渡に該当する取引がないことから軽減税率の対象とはならず、全て標準税率が適用されます。

なお、この場合であっても、例えば社内会議を行う際のお茶やコーヒーなどの飲食料品の購入は軽減税率の対象となります。また、顧客に対するお中元やお歳暮について飲食料品の贈答を行う場合のその費用は、軽減税率の対象となります。

したがって、軽減税率制度は、全ての事業者に対して影響を及ぼすこととなり、その業種によって対応策が異なるので注意しなければなりません（軽減税率の対象となる売上げが生じない場合には、施行日までに消費税率10％に対応する必要があります）。

飲食料品の留意点

Q11 畜産業

当社は、肉用牛の畜産業を営んでいますが、肉用牛の譲渡は軽減税率の対象となりますか。

Answer 肉用牛、食用豚、食鳥等の生きた家畜は、その販売した時点で人の飲用又は食用に供されるものではないため、飲食料品には該当せず、軽減税率の対象とはなりません。（第1章第2節❶(2)ロ参照）

なお、これらの枝肉は、人の飲用又は食用に供されるものであるため軽減税率の対象となります。

したがって、肉用牛を生きている時点で取引先に引き渡せば、標準税率となり、殺処分をして引き渡せば、軽減税率となります。

なお、殺処分した上で食用肉として取引先に引き渡した場合には、軽減税率の対象となりますが、その一部分を食用ではなく家畜の飼料やペットフードとして引き渡した場合には、標準税率となります。

Q12 酒類の原料となる米の販売

米を栽培している農家ですが、その米を日本酒の製造業者に対して販売していますが、そのお米の譲渡は軽減税率の対象となりますか。

日本酒を製造するため原材料の米は、酒類ではなく、人の飲用又は食用に供されるものであるため、飲食料品に該当し、軽減税率の対象となります。（ＱＡ個別問 15 参照）

解　説

販売した時点で人の飲用又は食用に供される飲食料品に該当する場合には、軽減税率の対象となることから、酒類の原料となる米の譲渡は、軽減税率の対象となりますが、日本酒などの酒類の譲渡は、軽減税率の対象から除外されていますので標準税率となります。

また、食品の原料として酒類を仕入れる場合において、その食品の販売は、軽減税率の対象となりますが、酒類の仕入れは軽減税率の対象とはなりません。（ＱＡ個別問 16 参照）

Q13 甘酒の販売

当社は、日本酒を製造販売している酒造業を営んでいますが、日本酒を製造する際に生じる酒粕を使って甘酒（アルコールが１％未満）を販売しています。この場合における甘酒の譲渡は軽減税率の対象となりますか。

 甘酒は、酒類に該当しないことから、人の飲用又は食用に供されるものであるため、飲食料品に該当し、軽減税率の対象となります。（ＱＡ個別問 14 参照）

解 説

甘酒やノンアルコールビールなどの酒税法に規定する酒類に該当しない飲料については、人の飲用に供される飲食料品に該当することから軽減税率の対象となります。また、酒粕も酒類に該当しないため飲食料品に該当し、軽減税率の対象となります。

Q14 化粧品メーカーへの食料品の販売

当社は、化粧品メーカーに対して食料品や食品衛生法に規定する添加物の販売を行っています。取引先である化粧品メーカーは、当社の商品を原料として化粧品を製造していますが、当社の食料品や添加物は軽減税率の対象となりますか。

 当社が販売している商品が食料品や添加物の場合、人の飲用又は食用に供されるものであることから、飲食料品に該当し、軽減税率の対象となります。（ＱＡ個別問 20 参照）

解 説

飲食料品や添加物を人の飲用又は食用に供されるものとして販売している場合には、取引先がその商品を飲食料品以外に使用したとしても軽減税率の対象となります。

Q15 栄養ドリンク剤の販売

　当社は、ドラッグストアを営んでいますが、販売している商品の中に医薬部外品となっている栄養ドリンク剤があります。この栄養ドリンク剤は、軽減税率の対象となりますか。

Answer

　医薬品や医薬部外品は、飲食料品から除かれていることから、軽減税率の対象となりません。（ＱＡ個別問 21 参照）

　なお、栄養ドリンク剤であっても「医薬部外品」に該当しないものは、飲食料品の譲渡に該当し、軽減税率の対象となります。

Q16 健康食品等の販売

　食品の販売において、特定保健用食品、栄養機能食品、美容食品などの販売は、それぞれ軽減税率の対象となりますか。

Answer

　医薬品や医薬部外品に該当しない特定保健用食品、栄養機能食品、美容食品は、人の飲用又は食用に供される飲食料品に該当し、軽減税率の対象となります。（ＱＡ個別問 22 参照）

Q17 飲食料品の包装材料

当社は、飲食料品を販売している小売業者（百貨店）ですが、通常その飲食料品を販売する場合、包装に係る料金は頂かないのですが、贈答用の場合には、別途包装材料等（ラッピング）に係る料金を頂いています。この場合の包装材料等の料金は軽減税率の対象となりますか。

Answer 飲食料品を販売する際に、その飲食料品を包装したとしても、それは飲食料品に含まれることとなり、その料金の全てが軽減税率の対象となりますが、贈答品などで包装材料等の料金を別途徴収した場合におけるその料金は軽減税率の対象とはなりません。（Q A個別問 25 参照）

解 説

飲食料品の販売に際し使用される包装材料及び容器が、その販売に付帯して通常必要なものとして使用されるものであるときは、その包装材料等も含め軽減税率の適用対象となりますが、贈答用の包装など、包装材料等につき別途対価を定めている場合のその包装材料等の譲渡は、飲食料品の譲渡には該当しません。

また、例えば、陶磁器やガラス食器等の容器のように飲食の用に供された後において食器や装飾品として利用できるものを包装材料等として使用しており、食品とその容器を組み合わせてあらかじめ一の商品として価格を提示し販売している場合には、その商品は「一体資産」に該当します。

Q18 一体資産の販売その1

当社は、お菓子を販売している業者ですが、その商品中にお菓子と玩具が一体となっている商品（売価500円）があります。この商品の原価は200円（お菓子100円、玩具100円の合計）です。この商品は、軽減税率の対象となりますか。

 この商品は、一体資産に該当しますが、全体の原価のうち食品の占める割合が3分の2未満（50％）なので軽減税率の対象とはなりません。

したがって、商品全体が標準税率となります。

解 説

菓子と玩具により構成されている、いわゆる食玩の販売は、一体資産となり、その資産の譲渡の対価の額（税抜価額）が1万円以下であり、その資産の価額のうちに当該一体資産に含まれる食品に係る部分の価額の占める割合が3分の2以上であれば、軽減税率の適用対象となります。

なお、一体資産の価額のうちに当該一体資産に含まれる食品に係る部分の価額の占める割合として合理的な方法により計算した割合とは、事業者の販売する商品や販売実態等に応じ、以下の割合などのように事業者が合理的に計算した割合であれば、これによって差し支えありません。（軽減通達5）

- 一体資産の譲渡に係る売価のうち、合理的に計算した食品の売価の占める割合
- 一体資産の譲渡に係る原価のうち、合理的に計算した食品の原価の占める割合

Q19 一体資産の販売その2

当社は、食料品を販売している小売業（百貨店）ですが、お歳暮のシーズンになると、食品と食品以外を組み合わせて一の詰め合わせ商品として販売しています。なお、この詰め合わせ商品については、個々の商品の価格もそれぞれ明示しています。

この場合、食品と食品以外を組み合わせた一の詰め合わせ商品は、軽減税率の対象となりますか。

Answer

食品と食品以外の資産を組み合わせた一の詰め合わせ商品について、当該詰め合わせ商品の価格とともに、これを構成する個々の商品の価格を内訳として提示している場合には、食品と食品以外の資産が一の資産を形成し又は構成しているものであっても一体資産に該当しません。

したがって、個々の商品ごとに税率を判定することとなります。

解　説

個々の商品の価格を提示している場合には、一体資産に該当しませんが、商品（食品と食品以外）を、例えば「よりどり3品△△円」との価格を提示し、顧客が自由に組み合わせることができるようにして販売している場合においても一体資産に該当せず、個々の資産ごとに判断することとなります。

Q20 一体資産の販売その3

当社は、食玩の商品（販売価額100円）を仕入れて販売している小売業者ですが、その食玩を仕入れる際には、全て軽減税率が適用されています。この場合において、この食玩の販売は、軽減税率の対象となりますか。

　小売業や卸売業等を営む事業者が、一体資産に該当する商品を仕入れて販売する場合において、販売する対価の額（税抜価額）が1万円以下であれば、その課税仕入れの時に仕入先が適用した税率をそのまま適用して差し支えありません。

したがって、全て軽減税率の対象となります。

Q21 食品と食品以外の一括値引

当社は、スーパーを営んでいますが、顧客に対して食品と食品以外を同時に販売した場合において、レジにて500円の割引を行う割引券の提示を受けて値引きをする場合には、その値引きの税率はどのようになりますか。

　この場合の値引きについては、その顧客に対して販売した対価の額を軽減税率の対象となるものと標準税率となるものに合理的に区分して値引き額を区分しなければなりません。

解 説

スーパーで肉・野菜などの食品と日用品を販売する場合など、食品と食品以外の商品を一括して販売（一括譲渡）した場合には、その商品が食品

であれば軽減税率が、食品以外のものであれば標準税率が適用されること
となりますが、このような取引につき、対価の合計額から一括して値引き
を行う場合（例えば、レジで５００円の割引券の提示を受けて、値引きす
る場合など）には、合理的に区分して、適用税率ごとの値引後の対価の額
を算出する必要があります。

　なお、一括譲渡の際に顧客へ交付する領収書等などにおいて、いずれの
商品から値引きされているかを問わず、適用税率ごとの値引額又は値引額
控除後の対価の額が表示されている場合には、合理的に区分されているこ
ととなります。

飲食料品の販売形態

Q22 通信販売

当社は、飲食料品のインターネット販売を行っていますが、この場合の飲食料品の販売は軽減税率の対象となりますか。

 インターネット等を利用した通信販売であっても、販売する商品が「飲食料品」に該当する場合には、「飲食料品」の譲渡に該当し、軽減税率の対象となります。

解説

平成31年4月1日前にその販売価格の条件を提示し、又は提示する準備を完了した場合において、平成31年10月1日前に申込みを受け、提示した条件にしたがって平成31年10月1日以後に行われる商品の販売については、税率引上げに伴う通信販売に係る経過措置が適用されます。ただし、この商品が「飲食料品」の譲渡に該当する場合には、この経過措置は適用されず、軽減税率が適用されます。

Q23 カタログギフト販売

当社は、贈答を受けた者（贈与者）がカタログに掲載された商品の中から任意に選択した商品を受け取れるカタログギフトの販売を行っています。このカタログには、食品と食品以外が掲載されていますが、この販売における適用税率はどのようになりますか。

カタログギフトの販売は、贈与者による商品の贈答を代行すること（具体的には、様々な商品を掲載したカタログを提示するとともに受贈者の選択した商品を手配する一連のサービス）を内容とする役務の提供になることから飲食料品の譲渡に該当せず、軽減税率の適用対象となりません。（ＱＡ個別問30参照）

なお、食品のみを掲載するカタログギフトの販売であっても、同様の理由から軽減税率の適用対象となりません。

Q24 自動販売機

自動販売機による飲食料品の販売は、軽減税率の対象となりますか。

自動販売機により行われるジュース、パン、お菓子などの飲食料品の販売は、飲食料品を飲食させる役務の提供を行っているものではなく、単にこれらの飲食料品を販売するものであることから軽減税率の適用対象となります。（ＱＡ個別問28参照）

Q25 送料込みの商品販売

当社は、飲食料品の販売を行っていますが、その飲食料品を送付するための送料を別途徴収していません。この場合の飲食料品の販売は、軽減税率の対象となりますか。

Answer

飲食料品の譲渡に要する送料は、飲食料品の譲渡の対価ではないことから、軽減税率の対象となりません。

しかしながら、「送料込み商品」の販売など、別途送料を求めない場合には、その商品が「飲食料品」に該当するのであれば、軽減税率の対象となります。（ＱＡ個別問 32 参照）

なお、別途送料を徴収した場合には、その送料は、軽減税率の対象とはなりません。

Q26 保冷材を付けた飲食料品の販売

当社は、ケーキを販売している洋菓子店を営んでいます。その販売の際に希望する顧客にサービスで保冷剤をつけて販売することがありますが、この場合のケーキの販売は、軽減税率の対象となりますか。

Answer

別途料金を受領する場合の保冷材等は、「飲食料品」に該当しないことから、軽減税率の対象となりませんが、サービスで保冷材等を付けた商品は、その保冷材等も含めて、その商品が「飲食料品」に該当するのであれば、全て軽減税率の対象となります。（ＱＡ個別問 26 参照）

外食関係

Q27 セルフサービスでの飲食料品の提供

当社は、セルフサービスの飲食店を営んでいますが、この場合の飲食は軽減税率の対象となりますか。

Answer　軽減税率の適用対象とならない「食事の提供」とは、飲食設備がある場所において飲食料品を飲食させる役務の提供をいいますので、セルフサービスの飲食店であっても、顧客にその店舗のテーブル、椅子、カウンター等の飲食設備を利用させて、飲食料品を飲食させていることから軽減税率の適用対象となりません。（ＱＡ個別問39参照）

解　説

飲食設備がある場所で飲食料品を飲食させる場合には、軽減税率の対象とはならないことから、屋台での飲食や立ち食い形式での飲食も軽減税率の適用対象となりません。

Q28 老人ホームでの飲食料品の提供

　当社は、有料老人ホームを経営していますが、その提供する食事は、1食あたり500円で朝食、昼食、夕食を提供しています。

　この場合における食事の提供は、軽減税率の対象となりますか。

Answer　軽減税率の対象となる有料老人ホームにおいて行う食事の提供とは、老人福祉法第29条の規定による届出が行われている有料老人ホームにおいて、その設置者又は運営者が入居者に対して行う食事の提供をいいます。

　ご質問の場合は、1食あたり500円と640円以下であり、1日3食分の合計1500円ということで1,920円に達していないことから全額軽減税率の対象となります。（QA個別問60参照）

解　説

　有料老人ホームの設置者が行った入居者に対して食事の提供は、軽減税率の対象となりますが、この場合において、施設の設置者等が同一の日に同一の入居者等に対して行う飲食料品の提供の対価の額（税抜）が1食につき640円以下であるもののうち、その日の最初に提供された飲食料品の提供の対価の額から累計した金額が1,920円に達するまでの飲食料品の提供が軽減税率の対象となります。

　なお、軽減税率の適用対象となる有料老人ホームにおいて行う食事の提供は、有料老人ホームの設置者又は運営者が、入居に対して行う飲食料品の提供に限られているため、有料老人ホームとの給食調理委託契約に基づき行う食事の提供は軽減税率の適用対象となりません。

Q29 学生食堂での飲食料品の提供

　当社は、学生食堂を営んでいます。その利用については学生の自由ですが、この学生食堂での食事の提供は、学校給食法の規定に基づく「学校給食」として軽減税率の対象となりますか。

Answer　軽減税率の対象となる「学校給食」とは、学校給食法第3条第2項に規定する義務教育学校の施設において、その施設の設置者がその生徒の全てに対して学校給食として行う飲食料品の提供をいうので、利用が自由な学生食堂において行う食事の提供は、軽減税率の対象とはなりません。（ＱＡ個別問61参照）

Q30 フードコートでの飲食料品の提供

　当社は、ショッピングセンターのフードコートにテナントとして飲食店を営んでいますが、フードコートのテーブルや椅子等はショッピングセンターの所有で当社の飲食設備ではありません。この場合であっても軽減税率の対象とならない食事の提供となりますか。

Answer　ショッピングセンターのフードコートにおいて、設備設置者と飲食料品を提供している事業者との間の合意等に基づき、その設備を顧客に利用させることとされている場合における飲食料品の提供は、飲食設備のある場所において飲食料品を飲食させる役務の提供に該当することから、軽減税率の適用対象となりません。

　ただし、これらの飲食店で飲食料品を「テイクアウト」した場合は、単

に飲食料品を販売するものであるため、「外食」にはあたらず、軽減税率の適用対象となります。

Q31 飲食店で提供する缶飲料

当社は、飲食店を営んでいますが、飲み物については、缶飲料やペットボトルをコップに入れず、そのまま提供しています。この場合の飲料の提供は、軽減税率の対象となりますか。

Answer 飲食店で缶飲料、ペットボトル飲料をコップに入れず、缶又はペットボトルのまま提供している場合のこれら飲料の提供は、店内で飲食させるものとして提供しているものであることから、「食事の提供」に該当し、軽減税率の適用対象となりません。（ＱＡ個別問45参照）

Q32 ホテルでの飲食料品の提供

当社は、ホテルの経営をしておりますが、そのホテルの宴会場や会議室等で行われる飲食料品の提供は、軽減税率の対象となりますか。また、ホテルの宿泊者の客室に飲食料品を届ける、いわゆるルームサービスは軽減税率の対象となりますか。

Answer 旅館やホテルなどの施設で行う飲食料品の提供は、「食事の提供」に該当することから、軽減税率の適用対象となりません。

また、ホテルのルームサービスは、ホテルの客室のテーブル等の飲食設備がある場所での「食事の提供」に該当することから、軽減税

率の適用対象となりません。（ＱＡ個別問 52 参照）

　なお、ホテルの客室にある冷蔵庫に入っている飲料を販売する場合には、「飲食料品」の譲渡に該当することから軽減税率の対象となります。（ＱＡ個別問 53 参照）

Q33 出前の取扱い

　当社は、店舗を設けてそば屋を経営していますが、電話にて注文を受けて顧客の自宅に届ける、いわゆる出前については、軽減税率の対象となりますか。

　そば屋の出前や宅配ピザの配達は、顧客の指定した場所まで飲食料品を届けるだけであり、「飲食料品」の譲渡に該当することから軽減税率の対象となります。（ＱＡ個別問 57 参照）

Q34 レストランのレジ前の飲食料品の販売

　当社は、ファミリーレストランを経営していますが、そのレストランのレジの前にてお菓子を販売しています。この場合におけるお菓子の販売は、軽減税率の対象となりますか。

　飲食店のレジ前にある菓子の販売は、単に飲食料品を販売しているものと考えられることから、飲食料品を飲食させる役務の提供に該当せず、「飲食料品」の譲渡に該当し、軽減税率の適用対象となります。（ＱＡ個別問 44 参照）

Q35 社内会議室での飲食料品の配達

当社では、当社の食堂を経営している事業者に依頼して社内の会議室に飲料を配達してもらうことがありますが、その飲料の配達は軽減税率の対象となりますか。

　顧客の指定した場所まで飲食料品を届けるだけの場合には、「飲食料品」の譲渡に該当することから軽減税率の対象となります。

なお、飲料を配達した後にその会議室内にて給仕等の役務の提供を行う場合には、「ケータリング」に該当することから軽減税率の対象とはなりません。（Ｑ Ａ個別問 58 参照）

解　説

社内会議室へコーヒーなどの飲料等を業者から配達してもらうだけであれば、宅配ピザなどと同様に飲食料品の譲渡に該当し、軽減税率の対象となります。

しかしながら、その会議室でパーティーの配膳を行うなど食事等も含めて提供してもらう場合には、軽減税率の対象とならない「ケータリング」に該当することとなるので、標準税率が適用されます。

商品等の価格表示

Q36 税込表示

当社は、飲食料品の販売を行っていますが、販売している商品を税込価格にて表示しています。軽減税率制度の導入により飲食料品の譲渡が軽減税率となることから、商品の価格については、変更しなくてもよいですか。

 飲食料品の価格については、現行法の税率と軽減税率が同じ8%（国税と地方税の合計）であることから、価格表示の変更をする必要はありません。

解 説

軽減税率が適用される飲食料品のみを販売する場合には、現在の消費税率と同じであるため値札、商品陳列棚、店内表示、商品、容器、包装などの価格の表示については、変更する必要がありません。

ただし、商品販売に係るレジ等で発行するレシート（領収書・請求書等を含む）については、軽減税率である旨の表示が必要となることから注意が必要です。

また、軽減税率と現行法の税率は、全体として8%と同じですが、国税と地方税の比率が異なることから消費税の計算を行う上では、区分して処理する必要があります。

標準税率である10%が適用される商品の場合で、税込表示を行うときは、8%から10%に引き上げられることから価格表示の変更が必要となり

ます（消費税転嫁対策特措法により税抜価格の表示を行っている場合には、変更する必要がない可能性もあります）。

 Q37 税抜表示

当社は、飲食料品の販売を行っていますが、商品の価格を消費税転嫁対策特措法の規定により税抜価格で表示しています。この場合には、軽減税率制度の施行日以後もこのまま税抜表示を行うことができますか。

Answer 平成33年3月31日までは、税抜価格の表示が認められています。

解　説

平成25年10月1日に施行された『消費税の円滑かつ適正な転嫁の確保のための消費税の転嫁を阻害する行為の是正等に関する特別措置法（消費税転嫁対策特措法)』により総額表示義務に関する特例規定が設けられ、表示する価格が税込価格であると誤認されないための措置を講じているときに限り、税抜価格による表示方法も認められることとなりました。

この消費税転嫁対策特措法は、平成33年3月31日までの時限立法であることから10％引上げ時にも適用されることとなり、8％の税率引上げ時と同様に商品等の価格表示につき「税込価格」又は「税抜価格」を事業者が任意に選択することができます。

ただし、平成33年3月31日までには、総額表示義務規定に基づく税込価格に変更する必要があることから、税抜価格を選択している事業者は、税込価格に変更する作業が今後発生することに留意しなければなりません。

Q38 店内飲食とテイクアウト

当社は、ファストフードを営んでいますが、店内飲食とテイクアウトの適用税率が異なることから、メニュー等における商品の価格表示は、どのようになりますか。

 店内飲食については、標準税率（10％）が適用され、テイクアウトについては、軽減税率（8％）が適用されることから、原則として、区分して価格の表示を行うこととなります。

通常であれば、税込価格は8％と10％で価格が異なります。なお、価格を調整して税込価格を一致させる方法はありますが、合理的な説明が必要となります。

解　説

飲食設備を設けて飲食店業を営んでいる場合には、店内で飲食料品を提供すると10％、持ち帰り用として飲食料品を提供（テイクアウト、出前を含む）すると8％の税率となり、同じ商品等に2つの税率を表示させなければならないため注意が必要です。

なお、消費税転嫁対策特措法が適用されている期間は、税抜価格で表示することができますが、平成33年4月1日以後は税込価格で表示しなければならないこととなります。

事業者が店内飲食及びテイクアウトの2つの価格を表示する方法として以下のような方法が考えられます。（第1章第5節参照）

イ　テイクアウト等及び店内飲食の両方の税込価格を表示する方法

ロ　テイクアウト等及び店内飲食の両方の税抜価格を表示する方法

ハ　テイクアウト等又は店内飲食のどちらか片方のみの税込価格を表示する方法

請求書等の表示

Q39 請求書の記載事項

当社は、飲食料品のみの販売を行っていますが、飲食料品の譲渡については軽減税率が適用されることから、請求書の記載は変更しなくもいいですか。

軽減税率制度導入後において、飲食料品を譲渡した場合の請求書には、軽減税率の対象品目である旨を記載しなければなりません。

したがって、税率としては、旧税率8%と軽減税率8%ということで一致していますが、国税と地方税の比率が異なることから、消費税の計算においては、明確に区分しなければ消費税の計算を正しく処理することができません。

解説

軽減税率制度導入後の区分記載請求書等の記載事項は以下のとおりです。

イ　発行者の氏名又は名称

ロ　取引年月日

ハ　取引の内容

ニ　受領者の氏名又は名称

ホ　軽減税率の対象品目である旨の記載　追加

ヘ　税率ごとに区分して合計した対価の額（税込）　追加

Q40 レシートの表示

当社は、食品と食品以外の商品を販売しているスーパーを営んでいますが、顧客に渡すレシートの記載方法はどうなりますか。

食品と食品以外の販売を行った場合に発行するレシートについては、軽減税率が適用される食品と標準税率が適用される食品以外のものを区分して表示しなければなりません。

解 説

区分記載請求書等は、請求書だけでなくレシートの記載も同様に軽減税率と標準税率を区分して記載しなければなりませんが、中小の小売店等が利用しているレジには、多数の商品を登録できない（個別の商品名等を全て登録できない）ケースが考えられます。

このような場合には、その店舗が取り扱っている商品の一般的な総称（例えば、八百屋であれば「野菜」、精肉店であれば「肉」、又は一括して「食品」や「飲食料品」との記載）の記載であっても、取引された資産が、課税資産の譲渡等に係るものであること、軽減対象資産とそれ以外のものであることが、交付を受けた事業者において把握できる程度のものであれば、区分記載請求書等保存方式における請求書等の記載事項である「資産の内容」を満たすものとして取り扱われることとなります。

ただし、レシートに「部門01」などによる記載は、取引の内容が記載されていると言えないので記載事項を満たしていないこととなります。

Q41 領収書の表示

当社は、宅配ピザの販売を行っていますが、販売した際に発行する領収書について、注意しなければならない点はありますか。

Answer　宅配ピザの販売については、飲食料品の譲渡に該当することから、軽減税率が適用されます。

したがって、発行する領収書には、軽減税率の対象品目である旨を記載しなければなりません。（ＱＡ個別問 38 参照）

Q42 区分記載請求書と適格請求書

軽減税率制度における区分記載請求書とインボイス制度の適格請求書は、どのような違いがありますか。

Answer　区分記載請求書は、「軽減税率の対象品目である旨」の記載と税率ごとに区分して合計した対価の額（税込）を記載することとなりますが、インボイス制度における適格請求書は、それに加え、登録番号、適用税率、税率ごとに区分した消費税額などを記載することとなります。

解　説

インボイス制度における「適格請求書」とは、次に掲げる事項を記載した請求書、納品書その他これらに類する書類をいいます。（下記イ、ハ、ニ及びホの下線部分）

　イ　適格請求書発行事業者の氏名又は名称及び登録番号

　ロ　課税資産の譲渡等を行った年月日

ハ　課税資産の譲渡等に係る資産又は役務の内容（<u>当該課税資産の譲渡等が軽減対象課税資産の譲渡等である場合には、その旨</u>）

ニ　課税資産の譲渡等に係る<u>税抜価額又は税込価額を税率の異なるごとに区分して合計した金額及び適用税率</u>

ホ　<u>税率ごとに区分して合計した消費税額等</u>[※]

ヘ　書類の交付を受ける事業者の氏名又は名称

（※）　上記の記載事項のうち、イの登録番号を記載しないで作成した請求書等は、平成31年10月1日から実施される軽減税率制度における区分記載請求書等として取り扱われます。したがって、平成31年10月1日までの請求書等のシステムの変更において、インボイス制度の導入も踏まえた上でシステムを構築することも考えられます。

Q43　帳簿の記載事項

　当社は、飲食料品の販売を行っていますが、軽減税率制度の導入後は、経理処理において帳簿の記載項目に変更はありますか。

　飲食料品の売上げや仕入れについては、軽減税率である旨の記載が必要となります。

解　説

軽減税率制度の導入後における帳簿の記載事項は、以下のとおりです。

イ　課税仕入れの相手方の氏名又は名称

ロ　取引年月日

ハ　取引の内容

ニ　軽減税率の対象品目である旨　追加

ホ　課税仕入れに係る支払対価の額

（※）　「軽減税率の対象品目である旨」の記載は、軽減税率の対象となる取引に「※」や「★」

といった記号・番号等を表示し、かつその記号・番号等が軽減税率の対象品目である旨を別途「※（★）は軽減税率対象」と記載することも認められます。

Q44 軽減税率である旨の追記

当社が、飲食料品を購入した場合において、その請求書に軽減税率の対象品目である旨の記載がありませんでした。この場合には、どのように処理することとなりますか。

軽減税率の対象品目である旨の記載がない請求書等の交付を受けた事業者は、取引の事実に基づき、受領した請求書等に自ら追記することができます。（第1章第4節❶(4)参照）

なお、請求書等の交付を受けた事業者が追記できるのは、「軽減対象資産の譲渡等である旨」及び「税率ごとに区分して合計した課税資産の譲渡等の対価の額（税込）」の2項目に限られます。例えば、品目等の請求書等に記載されているその他の記載事項についてまで追記・訂正することは認められていません。

システムの変更

Q45 レジシステムの変更

当社は、食品と食品以外を販売している小売業者（スーパー）です。軽減税率制度の施行日までにレジシステムを変更しなければなりませんが、どのような点に注意が必要となりますか。

レジシステムについては、新税率及び軽減税率に対応させるために従来のレジシステムを変更する必要がありますが、具体的には以下のような項目となります。

❶ レジシステムの税率変更（軽減税率を含む）

消費税率が引き上げられることから10％への対応が必要となります。

また、スーパーの場合には、販売する商品によって標準税率の10％と軽減税率の8％が混在することとなるので複数税率への対応もしなければなりません。

❷ 商品等をバーコードで管理する場合のバーコードの情報変更及びバーコードの読み取り側のシステムの変更

商品等に貼付しているバーコードラベルをバーコードスキャナで読み取り集計するレジシステムの場合には、発行側のバーコードの情報変更と読み取り側のレジシステムの情報変更が必要となります。

❸ 返品等の処理に関するシステム変更

施行日前の商品等が返品された場合には、施行日以後に旧税率で処理しなければならないことから、返品等の処理が正しく稼働するようにシステ

ムを変更する必要があります。

❹　レジシステムと販売管理及び会計システムが連動している場合のシステムの変更

　ＰＯＳレジシステムなどのように販売管理システムや会計システムとも連動しているシステムの場合には、その全体が複数税率に対応して連動できるようにシステム変更をする必要があります。

❺　レシートや領収書の表示方法の変更

　レジシステムで発行するレシートや領収書も複数税率に対応したものが発行できるように変更する必要があります。（区分記載請求書等の発行）

　なお、軽減税率の対象資産の場合には、軽減税率が適用されている旨の記載も必要となります。

　レジスター等の変更時期については、施行日以後の商品販売から新税率を適用することとなるため、原則として、施行日の営業開始時期又は24時間営業の場合には施行日の０時から計算処理や表示につきレジシステムが稼働できるようにしなければなりません。

Q46 販売管理システムの変更

　当社は、飲食料品の卸売業を営んでいます。軽減税率制度の施行日までに販売管理システムを変更しなければなりませんが、どのような点に注意が必要となりますか。

　販売管理システムについては、新税率及び軽減税率に対応させるためにシステムを変更する必要がありますが、具体的には、以下のような項目です。

❶ 商品等の販売管理システムの税率の変更（軽減税率を含む）

消費税率が引き上げられることから10％への対応が必要となります。

なお、軽減税率の対象資産のみを販売している場合には軽減税率である8％が適用されることから税率を変更する必要はありませんが、請求書等の発行に際し、軽減税率の対象資産である旨の記載が必要となりますのでシステムを変更する必要があります。

❷ 請求書等（領収書含む）の記載方法の変更

請求書等の記載については、消費税の標準税率が10％となることからシステムを変更する必要があります。なお、軽減税率の対象資産を販売する場合には、軽減税率の対象資産である旨の記載をする必要があります。

また、軽減税率の対象資産とそれ以外の資産を同時に販売する場合には、複数税率に対応したシステムに変更しなければなりません。

❸ 請求書等の集計期間が施行日をまたぐ場合のシステムの変更

請求書等の記載方法においては、相手側の仕入税額控除を考慮した上でシステム等の変更を行う必要がありますが、施行日をまたいで販売した場合には請求書等の表示につき旧税率適用分、新税率適用分、軽減税率適用分との区分を明確にしなければなりません。

請求書等は、月や週単位などの一定の期間ごとに販売した金額を取引先ごとに集計し、その合計額をその期間後に発行して請求することとなりますが、税率改正の施行日をまたぐ処理（月末ではなく、例えば15日締めなど）については、施行日前の部分と施行日以後で適用税率が異なることから注意が必要です。

❹ 納品管理システム（納品書発行）と連動している場合のシステムの変更

納品書発行などの管理を行っている場合には、納品時が施行日前なのか、施行日以後なのかによって税率が異なるので記載方法も含め注意が必要です。

また、販売商品の返品等があった場合には、納品した時期がいつなのか

によって税率が異なるため、この返品処理をシステム等に反映させると変更内容が複雑になる可能性があります。

　特に、販売した時期と返品される時期が長期間にわたる場合には、旧税率での返品処理に注意が必要です。

　なお、飲食料品に該当する売上げの返品については、施行日前に販売した商品の返品は旧税率、施行日以後に販売した商品の返品は軽減税率で処理することとなります。

Q47 会計システムの変更

当社は、飲食料品の販売業を営んでいます。軽減税率制度の施行日までに会計システムを変更しなければなりませんが、どのような点に注意が必要となりますか。

 　会計システムについては、新税率及び軽減税率に対応させるためにシステムを変更する必要がありますが、具体的には、以下のような項目です。

❶ 複数税率に対応するシステムの変更（軽減税率を含む）

　課税期間が施行日をまたぐ場合には、施行日前は旧税率、施行日以後は新税率で対応しなければなりません。事業年度が3月末決算の場合には、旧税率（4月〜9月）と新税率（10月〜翌年3月）が混在することから消費税額の計算については、複数税率に対応できるものにしなければなりません。

　また、施行日以後であっても売上げに係る対価の返還等、仕入れに係る対価の返還等、貸倒れ、電気料金、建物の請負契約などの税率引上げに伴う経過措置が適用される取引については、旧税率（経過措置）となるケースが考えられ、この場合においても旧税率、軽減税率、新税率に対応した、いわゆる複数税率の計算を行うことができる会計システムに変更する必要

があります。

　なお、税率としては、5%、8%（経過措置）、8%（軽減税率）、10%の4つの税率に対応する必要があります。

❷　期末一括税抜処理のシステム変更

　事業者が税抜経理により会計処理を行う場合において、税込経理で入力し、期末に一括で税抜処理を行う場合には、複数の税率に対応した処理ができるように変更する必要があります。

❸　確定申告書及び添付書類（付表）のシステム変更

　消費税の確定申告書及び添付書類（付表）をシステムで作成する場合には、経過措置対応及び軽減税率対応の確定申告書及び付表を印刷できるシステムに変更する必要があります。

❹　販売管理システム等と連動している場合のシステム変更

　会計システムが他のシステムと連動している場合には、他のシステムの変更も含めて税率等の変更をしなければなりません。特に、販売管理システムと連動している場合で、返品処理等を行うときは、会計システムも旧税率にて処理しなければならず、その対応も含めてシステムを変更する必要があります。

❺　中小事業者の場合における特例計算に対応したシステム変更

　この特例計算は、中小事業者（基準期間における課税売上高が5,000万円以下）を対象としており、期間も限定されていることから市販の会計システムでない場合には、必ずしも対応する必要はないものと考えられます。

　また、会計システムについては、システム変更が適正に処理されていることも重要ですが、そのシステムの変更後の入力方法を経理担当者等が把握していることが一番重要となります。

　施行日前は、その事業者が行う取引が課税取引かどうかという点に注意して入力すれば問題なかったのですが、施行日以後は、その取引の税率が

8%なのか10%なのかという点についても注意しなければならず、担当者が入力ミスを行ってしまう可能性が高くなります。

　特に、レシートや領収書にて食料品の仕入れとそれ以外の仕入れが混在している場合には、そのレシートを軽減税率と標準税率の2回に分けて入力する必要があるので注意しなければなりません。

　これ以外にも、経過措置規定における8％と軽減税率の8％については、国税と地方税の比率が異なるため区分して別のコード等を入力する必要があります。

　なお、賃貸借契約など長期にわたって旧税率が適用される場合には、施行日を含む課税期間後の課税期間においても経過措置である旧税率が生じることとなり、入力する際には慎重に対応しなければなりません。（摘要の入力にも工夫が必要）

消費税の計算

Q48 免税事業者からの仕入れ

軽減税率制度導入後における仕入税額控除の要件である「区分記載請求書等の保存方式」においては、飲食料品の仕入れを免税事業者から行った場合に仕入税額控除を行うことができますか。

Answer 免税事業者からの仕入れについても現行と同様、仕入税額控除を行うことができます。この場合、免税事業者からの仕入れであっても、これまでの請求書等への記載事項に加え、「軽減対象資産の譲渡等である旨」及び「税率ごとに区分して合計した課税資産の譲渡等の対価の額」の記載のある区分記載請求書等の保存が必要となります。（第1章第4節参照）

なお、この2項目について記載がない場合には、請求書等の交付を受けた事業者が、取引の事実に基づき、自ら追記することができます。

Q49 軽減税率と標準税率の売上税額の計算

軽減税率制度において、軽減税率と標準税率の両方の売上げがある場合の売上税額の計算はどのようになりますか。

 　　軽減税率と標準税率の両方の売上げがある場合には、税率ご
とに区分して消費税を計算することとなりますが、具体的には、
以下のようになります。（第1章第3節参照）

イ　標準税率に係る課税標準額に対する消費税額

10％の課税売上高（税込）× $\dfrac{100}{110}$

上記金額 × 7.8％

ロ　軽減税率に係る課税標準額に対する消費税額

8％の課税売上高（税込）× $\dfrac{100}{108}$

上記金額 × 6.24％

ハ　売上税額の合計額

イ ＋ ロ

Q50 軽減税率と標準税率の仕入税額の計算

　軽減税率制度において、軽減税率と標準税率の両方の仕入れがある場合の仕入税額の計算はどのようになりますか。

 　　軽減税率と標準税率の両方の仕入れがある場合には、税率ご
とに区分して消費税を計算することとなりますが、具体的には、
以下のようになります。（第1章3.参照）

【　全額控除方式の場合　】

$$10\%課税仕入高 \times \dfrac{7.8}{110} + 8\%課税仕入高 \times \dfrac{6.24}{108}$$

【 個別対応方式 】

$$\left(\begin{array}{l}\text{課税資産の譲渡等}\\\text{にのみ要する課税}\\\text{仕入れ等の税額}\end{array}\right) + \left(\begin{array}{l}\text{課税資産の譲渡等とその他}\\\text{の資産の譲渡等に共通して}\\\text{要する課税仕入れ等の税額}\end{array}\right) \times \boxed{\text{課税売上割合}}$$

(注) 課税仕入れ等の税額
$$10\%課税仕入高 \times \frac{7.8}{110} + 8\%課税仕入高 \times \frac{6.24}{108}$$

【 一括比例配分方式 】

$$\boxed{課税仕入れ等の税額} \times \boxed{課税売上割合}$$

Q51 軽減税率が含まれる簡易課税制度

軽減税率の対象となる売上げがある場合の簡易課税制度は、どのようになりますか。

Answer 軽減税率の売上げがある場合の簡易課税制度は、以下の算式により計算することとなります。（第1章第3節参照）

$$控除対象仕入税額 = \left(\begin{array}{l}\text{課税売上げに}\\\text{係る消費税額}^{(※)}\end{array}\right) \times みなし仕入率$$

（※） $10\%課税売上高 \times \frac{7.8}{110} + 8\%課税売上高 \times \frac{6.24}{108}$

なお、軽減税率の業種区分は、以下のようなものがあります。

- 飲食料品の卸売業：第1種事業
- 飲食料品の小売業：第2種事業
- 食用の農林水産物の生産：第2種事業
- 飲食料品の製造業：第3種事業
- 漁業：第3種事業
- 飲食業：第4種事業

Q52 売上税額の経過措置

軽減税率制度が導入された場合において、売上税額の経過措置があるということですが、具体的にはどのようなものですか。

Answer 　中小事業者（その基準期間における課税売上高が5,000万円以下である課税期間の事業者）が軽減税率の売上げと標準税率の売上げを区分して合計することにつき困難な事情があるときは、全体の課税売上げの合計額に以下の割合[※]を乗じて計算した金額を軽減対象税込売上額とし、これに108分の100を乗じて計算した金額を軽減対象課税資産の譲渡等の対価の額の合計額とすることができます。

なお、当該税込対価の額の合計額から軽減対象課税資産の譲渡等の対価の額の合計額を控除した残額に110分の100を乗じて計算した金額を軽減対象課税資産の譲渡等以外の課税資産の譲渡等の対価の額の合計額とします。

この特例は、平成31年10月1日から平成35年9月30日までの期間における消費税の計算について適用します。

[※]　以下の3つの割合をいいます。（第1章第3節❷参照）
　　イ　小売等軽減仕入割合
　　ロ　軽減売上割合
　　ハ　50％

Q53 仕入税額の経過措置

軽減税率制度が導入された場合において、仕入税額の経過措置があるということですが、具体的にはどのようなものですか。

Answer 軽減対象資産の譲渡等を行う中小事業者が課税仕入れを税率の異なるごとに区分して合計することにつき困難な事情があるときは、経過措置として次に掲げる方法より仕入税額を計算することが認められています。（第1章第3節❸参照）

イ　小売等軽減売上割合の特例

ロ　簡易課税制度の届出の特例

消費税率引上げに伴う経過措置規定

Q54 消費税率引上げに伴う経過措置の概要

消費税率の引上げに伴う経過措置規定とは、どのようなものですか。その概要について、教えてください。

 消費税率の引上げに伴う経過措置とは、一定の要件を満たした場合に施行日（平成31年10月1日）以後の取引について旧税率の8%が適用される規定で、消費税率が5%から8%に引き上げられた際にも設けられた規定です。

この経過措置規定は任意の規定ではなく、それぞれの要件に該当した場合には、施行日以後の取引であっても旧税率である8%により処理しなければなりません。（できる規定ではない）

今回の税率引上げ時においては、軽減税率制度も導入されますが、軽減税率である8%と経過措置規定による旧税率の8%は、全体の税率は同じですが、国税と地方税の比率が異なることから注意する必要があります。

なお、通信販売に関する経過措置や予約販売に関する経過措置などで経過措置規定の対象となるものが軽減税率対象資産の場合には、経過措置規定の適用はなく、軽減税率により処理することとなります。（軽減税率制度が経過措置規定よりも優先される）

また、経過措置規定はいくつかありますが、指定日（平成31年4月1日）の前日までに契約等を締結した場合に経過措置が適用されるもの、施行日前に引渡しや売上げを計上した場合に経過措置が適用されるもの、施行日

以後の処理によって経過措置が適用されるものなど、その対応策を行う時期や経理処理を行う時期が経過措置規定によって異なることから注意が必要です。

【 指定日前に契約等をした場合に適用される経過措置 】

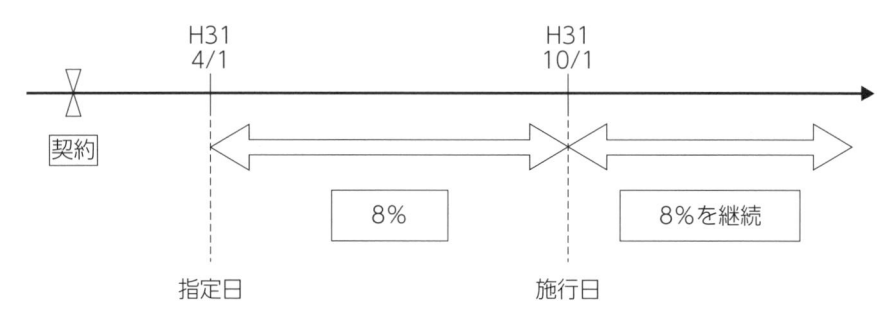

Q55 指定日までに対応しなければならない経過措置

　消費税率の引上げに伴う経過措置規定のうち指定日までに対応しなければならない経過措置規定について教えてください。

　消費税率の引上げに伴う経過措置規定には、指定日（平成 31 年 4 月 1 日）の前日までに契約を締結するなど指定日の前日までに対応した上で施行日以後に旧税率を適用する経過措置がありますが、具体的には以下のようなものがあります。

❶　工事の請負等に関する経過措置

　事業者が、平成 25 年 10 月 1 日から平成 31 年 3 月 31 日までの間に締結した工事（製造を含む）に係る請負契約（一定の要件に該当する測量、設計及びソフトウエアの開発等に係る請負契約を含む）に基づき、平成 31 年 10 月 1 日以後にその目的物を引き渡す場合には、その課税資産の譲渡

等（指定日以後に当該契約に係る対価の額が増額された場合には、当該増額される前の対価の額に相当する部分に限る）に係る消費税については、旧税率となります。

なお、事業者（請負業者）がこの経過措置規定の適用を受ける場合には、相手方に対し、当該規定の適用を受けることにつき書面で通知しなければなりません。

また、この経過措置は、あくまで契約日により判定することから、請負工事の着工日は影響しないことに留意する必要があります。

❷ 資産の貸付けに関する経過措置

事業者が、平成 25 年 10 月 1 日から平成 31 年 3 月 31 日までの間に締結した資産の貸付けに係る契約に基づき、平成 31 年 10 月 1 日前から同日以後引き続き貸付けを行っている場合（一定の要件に該当するものに限ります）において、その契約の内容が下記の適用要件に該当するときは、平成 31 年 10 月 1 日以後に行う資産の貸付けに係る消費税については、旧税率となります。

なお、この経過措置の適用を受ける場合には、その相手方に対し、当該規定の適用を受けたものであることにつき書面により通知しなければなりません。

ただし、指定日以後に当該資産の貸付けの対価の額の変更が行われた場合には、変更後における資産の貸付けは、その全額が新税率となります。

【 適用要件 】

資産の貸付けに係る契約内容が、下記イ及びロの要件を満たす場合か、又は下記イ及びハの要件を満たす場合に経過措置の対象となります。

　イ　当該契約に係る資産の貸付期間及び当該期間中の対価の額が定められていること。

　ロ　事業者が事情の変更その他の理由により当該対価の額の変更を求め

ることができる旨の定めがないこと。

　ハ　契約期間中に当事者の一方又は双方がいつでも解約の申入れをする
　　ことができる旨の定めがないこと並びに当該貸付けに係る資産の取得
　　に要した費用の額及び付随費用の額（利子又は保険料の額を含む）の
　　合計額のうちに当該契約期間中に支払われる当該資産の貸付けの対価
　　の額の合計額の占める割合が 100 分の 90 以上であること。

❸　指定役務の提供に関する経過措置

　事業者が、平成 25 年 10 月 1 日から平成 31 年 3 月 31 日までの間に締結
した役務の提供に係る契約で、当該契約の性質上役務の提供の時期をあら
かじめ定めることができないもので、当該役務の提供に先立って対価の全
部又は一部が分割で支払われる契約（割賦販売法に規定する前払式特定取
引に係る契約のうち、指定役務の提供に係るものをいう）に基づき、平成
31 年 10 月 1 日以後に当該役務の提供を行う場合には、旧税率を適用しま
す。

❹　予約販売に係る書籍等に関する経過措置

　事業者が、平成 31 年 3 月 31 日までに締結した不特定かつ多数の者に対
して定期的に継続して供給することを約する契約に基づき譲渡する書籍そ
の他の物品で、その契約に定められた対価の全部又は一部を平成 31 年 9
月 30 日までに領収している場合において、その対価の領収に係る書籍そ
の他の物品の譲渡を平成 31 年 10 月 1 日以後に行うときは、その領収した
対価に係る部分の課税資産の譲渡等については旧税率が適用されます。

　なお、定期的に継続して供給することを約する契約とは、週、月、年そ
の他の一定の周期を単位とし、おおむね規則的に継続して供給することを
いいます。

　また、予約販売により販売する商品が軽減税率の対象となるときは軽減
税率が適用されます。（軽減税率を優先適用）

❺ 通信販売に関する経過措置

通信販売やインターネット販売の方法により商品を販売する事業者が、平成 31 年 3 月 31 日までにその販売価格等の条件を提示し、又は提示する準備を完了した場合において、平成 31 年 9 月 30 日までに売買契約の申込みを受けて、その提示した条件にしたがって平成 31 年 10 月 1 日以後に行われる商品等の販売については、旧税率を適用します。

なお、通信販売とは、不特定かつ多数の者に対して商品の内容、販売価格その他の販売条件を提示し、郵便、電話その他の方法により売買契約の申込みを受けて当該提示した条件にしたがって行う商品の販売のことをいい、インターネット販売やカタログ販売などが該当します。

この経過措置は、平成 31 年 3 月 31 日までに商品の内容や価格等の販売条件を提示し、その提示条件に基づいて平成 31 年 9 月 30 日までに申し込まれたものであることを事業者側で書類等により明らかにしている場合に、旧税率である 8% が適用されます。

したがって、この経過措置は、その商品代金を平成 31 年 9 月 30 日（施行日の前日）までに支払いを受ける必要はなく、あくまで申し込みが平成 31 年 9 月 30 日までであることが要件となっています。

なお、通信販売により販売する商品が軽減税率の対象となるときは軽減税率が適用されます。（軽減税率を優先適用）

❻ 有料老人ホームの介護に係る入居一時金に関する経過措置

事業者が平成 25 年 10 月 1 日から平成 31 年 3 月 31 日までの間に締結した有料老人ホームに係る終身入居契約（入居期間中の介護料金が入居一時金として支払われるなど一定の要件を満たすものに限ります）に基づき、平成 31 年 10 月 1 日前から同日以後引き続き介護に係る役務の提供を行っている場合における平成 31 年 10 月 1 日以後に行われる当該入居一時金に対応する役務の提供については、旧税率を適用します。

Q56 施行日までに対応しなければならない経過措置

消費税率引上げに伴う経過措置規定のうち施行日までに対応しなければならない経過措置規定について教えてください。

Answer 消費税率の引上げに伴う経過措置規定には、施行日（平成31年10月1日）の前日までに商品等を引き渡したり、売上げを計上するなど施行日の前日までに対応した上で施行日以後に旧税率を適用する経過措置がありますが、具体的には以下のようなものがあります。

❶ 長期割賦販売等に関する経過措置

事業者が、施行日前に行った長期割賦販売等につき延払基準やリース延払基準により経理した場合において、その長期割賦販売等に係る賦払金の額で施行日以後にその支払の期日が到来するものがあるときは、その賦払金に係る部分の課税資産の譲渡等に係る消費税については、旧税率となります。

この経過措置規定は、請負契約に関する経過措置や資産の貸付けに関する経過措置とは異なり、指定日までに契約を締結する必要はなく、施行日前までに資産の引渡しを行っていれば経過措置の対象となります。

また、この経過措置の適用を受けた長期割賦販売等について、売上げに係る対価の返還等又は貸倒れがあった場合には、施行日以後の返還等又は貸倒れであっても旧税率により処理することとなります。

なお、平成30年度の税制改正により、平成30年4月1日以後に資産の譲渡等を行う場合において、消費税法における長期割賦販売等に係る特例（延払基準）は、所得税法及び法人税法と同様に廃止されることとなりましたが、平成30年3月31日までに行った資産の譲渡等については、一定の期間につき、延払基準の経過措置が適用されることからその部分につい

ては、施行日以後についても旧税率が適用されます。（リース取引については、引き続き延払基準によることが可能）

❷ 工事進行基準を適用する請負工事に関する経過措置

　事業者が、平成 31 年 4 月 1 日から平成 31 年 9 月 30 日までの間に締結した特定工事（長期大規模工事又は工事）の請負に係る契約に基づき、施行日以後にその契約に係る目的物の引渡しを行う場合において、特定工事に係る対価の額につき、工事進行基準の方法により経理処理するときは、その特定工事の目的物のうち着手の日から施行日の前日までの期間に対応する部分の対価の額として以下の算式により計算した金額に相当する部分の消費税については、旧税率となります。

$$請負対価の額 \times \frac{着工から施行日の前日までの実際工事原価}{施行日の前日における見積工事原価}$$

❸ 特定新聞に関する経過措置

　不特定多数の者に週、月その他の一定の期間を周期として定期的に発行される新聞で、発行者が指定する発売日が平成 31 年 10 月 1 日前であるもののうち、その譲渡が平成 31 年 10 月 1 日以後に行われるものについては、旧税率を適用します。

　なお、一定の新聞の譲渡 [※] については、施行日以後も軽減税率（8％）が適用されますが、軽減税率が適用される場合には、経過措置規定の適用はありません。（軽減税率優先）

[※]　軽減税率の対象となる新聞とは、一定の題号を用い、政治、経済、社会、文化等に関する一般社会的事実を掲載する週 2 回以上発行されるもの（定期購読契約に基づくもの）をいいます。

❹ 旅客運賃等に関する経過措置

　平成 31 年 10 月 1 日以後に行う旅客運送の対価や映画・演劇を催す場所、競馬場、競輪場、美術館、遊園地等への入場料金等のうち、平成 26 年 4

月1日から平成31年9月30日までの間に領収しているものについては、旧税率を適用します。

Q57 施行日以後に対応しなければならない経過措置

消費税率引上げに伴う経過措置規定のうち施行日以後に対応しなければならない経過措置規定について教えてください。

Answer 消費税率の引上げに伴う経過措置規定には、施行日（平成31年10月1日）以後の経理処理につき旧税率を適用する経過措置がありますが、具体的には以下のようなものがあります。

❶ **電気料金等に関する経過措置**

継続供給契約に基づき、平成31年10月1日前から継続して供給している電気、ガス、水道、電話、灯油に係る料金等で、平成31年10月1日から平成31年10月31日までの間に料金の支払いを受ける権利が確定するものについては、旧税率を適用します。

❷ **売上げに係る対価の返還等に関する経過措置**

平成31年9月30日までの間に行った課税資産の譲渡等につき平成31年10月1日以後に売上げに係る対価の返還等を行ったものについては、旧税率を適用します。

なお、軽減税率の対象となる資産の売上げに係る対価の返還等については、平成31年9月30日までに販売したものの売上げに係る対価の返還等は旧税率、平成31年10月1日以降に販売したものの売上げに係る対価の返還等は軽減税率で処理することとなります。

❸ **貸倒れに関する経過措置**

平成31年9月30日までの間に行った課税資産の譲渡等につき平成31年10月1日以後に貸倒れとなったものについては、旧税率を適用します。

なお、軽減税率の対象となる課税資産の譲渡等（売掛金等）に係る貸倒れについては、平成 31 年 9 月 30 日までに販売したものの貸倒れは旧税率、平成 31 年 10 月 1 日以降に販売したものの貸倒れは軽減税率で処理することとなります。

❹　仕入れに係る対価の返還等に関する経過措置

　平成 31 年 9 月 30 日までの間に行った課税仕入れ等につき平成 31 年 10 月 1 日以後に仕入れに係る対価の返還等を受けたものについては、旧税率を適用します。

　なお、軽減税率の対象となる仕入れに係る対価の返還等については、平成 31 年 9 月 30 日までに仕入れたものの仕入れに係る対価の返還等は旧税率、平成 31 年 10 月 1 日以降に仕入れたものの仕入れに係る対価の返還等は軽減税率で処理することとなります。

❺　家電リサイクル法に規定する再商品化等に関する経過措置

　家電リサイクル法に規定する製造業者等が、同法に規定する特定家庭用機器廃棄物の再商品化等に係る対価を平成 31 年 10 月 1 日前に領収している場合（同法の規定に基づき小売業者が領収している場合も含む）で、その対価の領収に係る再商品化等が平成 31 年 10 月 1 日以後に行われるものについては、旧税率を適用します。

第3章

インボイス制度

第1節　インボイス制度の概要

1　内容

　軽減税率制度の導入により、複数税率制度の下で適正な課税を確保する観点から、複数税率に対応した仕入税額控除の方式として、「適格請求書等保存方式」（いわゆるインボイス制度）が平成35年10月1日から導入されます。（新消法30、57の2、57の4）

　この適格請求書等保存方式においては、帳簿及び区分記載請求書等保存方式における区分記載請求書等（平成31年10月1日〜）に代えて、税務署長に申請して登録を受けた課税事業者が交付する「適格請求書」等の保存が仕入税額控除の要件となります。（新消法30）

　なお、仕入税額控除の要件として保存が必要な「適格請求書」を発行できる事業者は、「適格請求書発行事業者」としての登録を受けた事業者に限られます。（新消法57の2）

　また、帳簿及び区分記載請求書等と同様の事項が記載された請求書等を保存している場合には、一定期間において、仕入税額相当額の一定割合を仕入税額として控除できる経過措置が設けられています。（新消法附則52、53）

2　適格請求書発行事業者

　この適格請求書発行事業者の登録は、納税地を所轄する税務署長に申請

書を提出して、受けることとなります。（インボイス通達2-1）ただし、「適格請求書発行事業者」の登録を受けることができる事業者は、課税事業者に限定されていますので、免税事業者は登録を受けることができません。

なお、適格請求書発行事業者の登録申請書は、適格請求書等保存方式導入前の平成33年10月1日から提出することが可能です。（新消法附則1八、44①）

また、免税事業者であっても、課税事業者を選択する（課税事業者選択届出書を提出する）ことで「適格請求書発行事業者」の登録を受けることができます。（インボイス通達2-1）

なお、免税事業者が平成35年10月1日を含む課税期間中に登録を受けることとなった場合には、登録を受けた日から課税事業者となる経過措置が設けられています。（インボイス通達5-1）この場合において、課税事業者選択届出書の提出は必要ありません。

(注)　適格請求書発行事業者の登録を受けた日の属する課税期間の翌課税期間以後の課税期間については、適格請求書発行事業者である課税期間中、基準期間の課税売上高が1,000万円以下であっても、免税事業者となることはありません。

③ 適格請求書等

「適格請求書」とは、次に掲げる事項を記載した請求書、納品書その他これらに類する書類をいいます。（新消法57の4①）

なお、小売業、飲食業、タクシー業等の不特定多数の者に対して課税資産の譲渡等を行う事業を行っている事業者は、適格請求書の記載事項を簡易なものとした「適格簡易請求書」を発行することができます。（新消法57の4②）

【　適格請求書の記載事項　】

イ　適格請求書発行事業者の氏名又は名称及び登録番号

ロ　課税資産の譲渡等を行った年月日

ハ　課税資産の譲渡等に係る資産又は役務の内容（軽減対象資産の譲渡
　　等である旨）

ニ　課税資産の譲渡等に係る税抜価額又は税込価額を税率の異なるごと
　　に区分して合計した金額及び適用税率

ホ　税率ごとに区分して合計した消費税額等[※]

ヘ　書類の交付を受ける事業者の氏名又は名称

【　適格簡易請求書の記載事項　】

イ　適格請求書発行事業者の氏名又は名称及び登録番号

ロ　課税資産の譲渡等を行った年月日

ハ　課税資産の譲渡等に係る資産又は役務の内容（軽減対象資産の譲渡
　　等である旨）

ニ　課税資産の譲渡等に係る税抜価額又は税込価額を税率の異なるごと
　　に区分して合計した金額

ホ　消費税額等[※]又は適用税率

[※]　消費税額等とは、消費税額及び地方消費税額の合計額をいい、課税資産の譲渡等に
　　係る税抜価額を税率の異なるごとに区分して合計した金額に 100 分の 10（軽減対象課
　　税資産の場合 100 分の 8）を乗じて計算した金額又は課税資産の譲渡等に係る税込価額
　　を税率の異なるごとに区分して合計した金額に 110 分の 10（軽減対象課税資産の場合
　　108 分の 8）を乗じて計算した金額とします。
　　　なお、消費税額等の計算において 1 円未満の端数が生じた場合には、税率の異なる
　　ごとにその端数を処理します。

④　平成 35 年 10 月 1 日以降の仕入税額控除の要件

　平成 35 年 10 月 1 日以降、仕入税額控除の要件としては、帳簿及び適格
請求書発行事業者が交付する「適格請求書」等の保存が要件となります。（新

消法 30⑦⑧⑨)

　なお、適格請求書の交付義務が免除される公共交通機関等からの課税仕入れなど一定の場合には、帳簿のみの保存により仕入税額控除が認められます。(新消法 30⑦、新消令 49①)

　また、平成 35 年 10 月 1 日以降の売上税額及び仕入税額の計算は、「適格請求書」等に記載のある消費税額を積み上げて計算する「積上げ計算」と適用税率ごとの取引総額に 108 分の 8 又は 110 分の 10 を乗じて計算する「割戻し計算」を選択することができます。

　ただし、売上税額を「積上げ計算」により計算する場合には、仕入税額も「積上げ計算」により計算しなければなりません。

(注)　免税事業者等からの課税仕入れに係る経過措置
　　　適格請求書等保存方式が導入された後については、免税事業者や消費者のほか、適格請求書発行事業者以外の者からの課税仕入れ等に係る消費税額を控除することができなくなります。
　　　ただし、帳簿及び区分記載請求書等と同様の事項が記載された請求書等を保存している場合には以下のとおり、一定期間につき仕入税額相当額の一定割合を仕入税額として控除できる経過措置が設けられています。(新消法附則 52、53)

期間	割合
平成 35 年 10 月 1 日から平成 38 年 9 月 30 日まで	仕入税額相当額の 80%
平成 38 年 10 月 1 日から平成 41 年 9 月 30 日まで	仕入税額相当額の 50%

【　仕入税額控除の要件の流れ　】

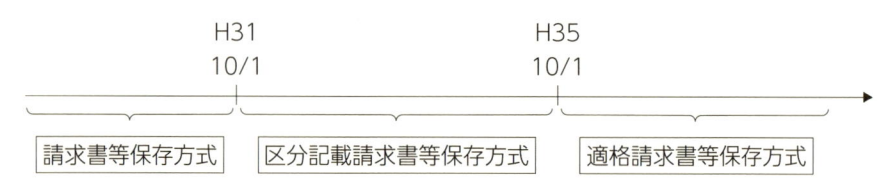

税額計算の方法および特例の施行スケジュール

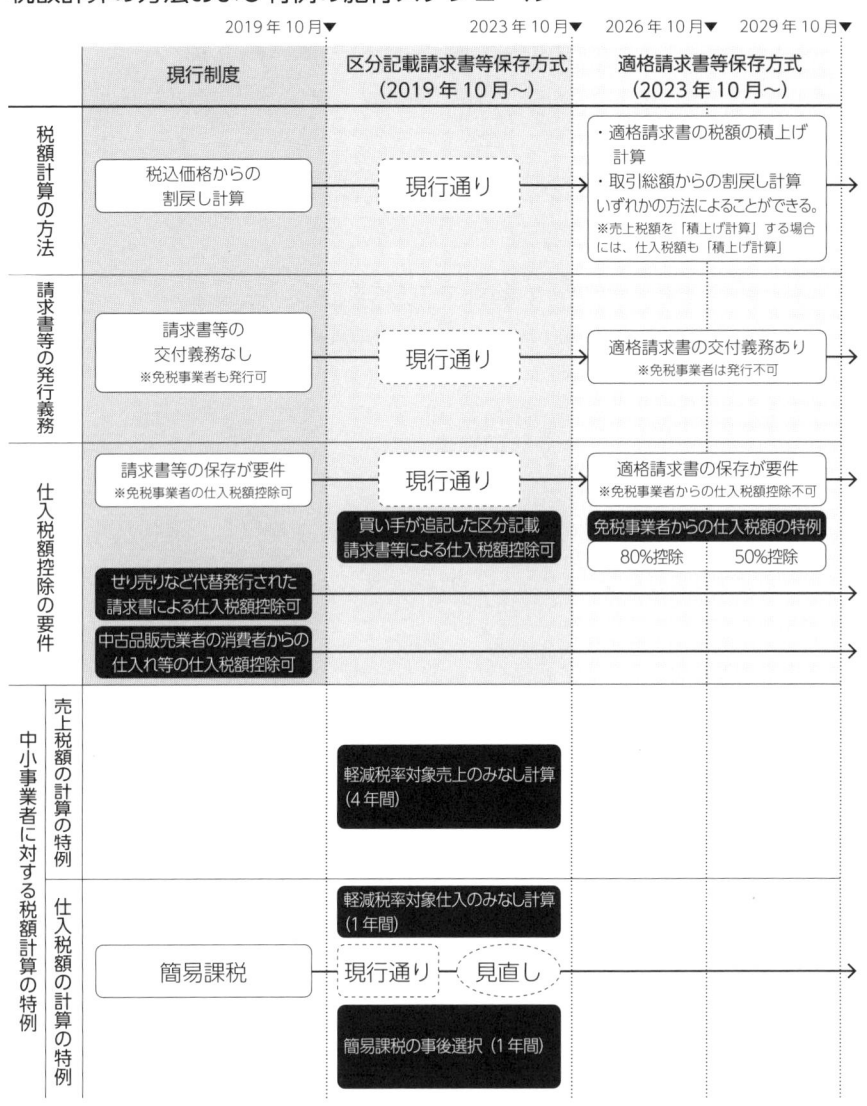

出典：中小企業庁「消費税軽減税率まるわかり BOOK」より

適格請求書発行事業者の登録制度

1 適格請求書発行事業者の登録

(1) 登録手続

　適格請求書発行事業者とは、免税事業者以外の事業者（課税事業者）であり、納税地を所轄する税務署長に登録申請書を提出し、適格請求書を交付することのできる事業者として登録を受けた事業者をいいます。（新消法 57 の 2 ①）

　なお、免税事業者の場合には、原則として、課税事業者選択届出書の提出をして課税事業者になった上で申請することが前提となります。

　また、この登録申請書は、適格請求書等保存方式の導入の 2 年前である平成 33 年 10 月 1 日から提出することが可能です。（新消法附則 1 八、44 ①）

　その登録申請書の提出を受けた税務署長は、登録拒否要件に該当しない場合には、適格請求書発行事業者登録簿にて登録を行い、登録を受けた事業者に対して、その旨を書面で通知することとされています。（新消法 57 の 2 ③④⑤⑦）

　なお、その課税期間の基準期間における課税売上高が 1,000 万円以下の事業者は、本来、消費税の納税義務が免除されることとなりますが、適格請求書発行事業者の場合には、その基準期間における課税売上高が 1,000 万円以下となった場合でも免税事業者とならないので注意が必要です。

（注）　登録申請書は、e-Tax を利用して提出することもでき、この場合、登録の通知は e-Tax を通じて行われます。

(2)　届出の効力

　適格請求書発行事業者の登録の効力は、通知の日にかかわらず、適格請求書発行事業者登録簿に登載された日（登録日）に生じることとなります。

　なお、平成 35 年 10 月 1 日より前に登録の通知を受けた場合であっても、登録日としては平成 35 年 10 月 1 日となります。

　また、適格請求書等保存方式が導入される平成 35 年 10 月 1 日に登録を受けようとする事業者は、平成 35 年 3 月 31 日までに登録申請書を税務署長に提出する必要があります。[※]

　適格請求書発行事業者は、登録日以降の取引については、相手方（課税事業者に限る）の求めに応じ、適格請求書の交付義務があります。（インボイス通達 2-4）

　ただし、登録日から登録の通知を受けた日までの間に行った課税資産の譲渡等について、既に請求書等の書類を交付している場合には、その通知を受けた日以後に登録番号等を相手方に書面等（既に交付した書類との相互の関連が明確であり、その書面等の交付を受ける事業者が適格請求書の記載事項を適正に認識できるものに限る）で通知することにより、これらの書類等を合わせて適格請求書の記載事項の要件を満たすこととなります。

[※]　平成 35 年 3 月 31 日[*] までに登録申請書を提出できなかったことにつき困難な事情がある場合には、平成 35 年 9 月 30 日までの間に登録申請書にその困難な事情を記載して提出し、税務署長により適格請求書発行事業者の登録を受けたときは、平成 35 年 10 月 1 日に登録を受けたものとみなされます。なお、「困難な事情」については、その困難の度合いは問いません。（インボイス通達 5-2）

　[*]　特定期間の課税売上高又は給与等支払額の合計額が 1,000 万円を超えたことにより課税事業者となる場合は平成 35 年 6 月 30 日までになります。

【 登録申請のスケジュール 】

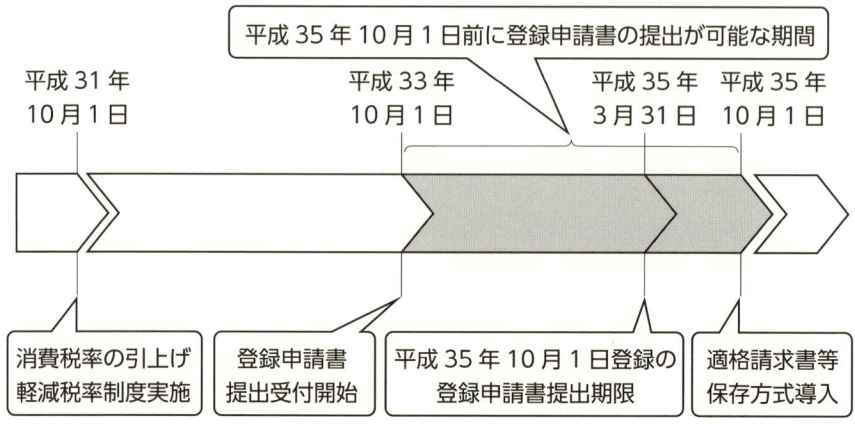

出展：国税庁「消費税の仕入税額控除制度における適格請求書等保存方式に関するQ&A」

(3) 免税事業者が平成35年10月1日の属する課税期間中に登録を受ける場合の経過措置

　免税事業者が適格請求書発行事業者の登録を受けるためには、原則として、課税事業者選択届出書を提出し、課税事業者となる必要がありますが、登録日が平成35年10月1日の属する課税期間中である場合には、課税事業者選択届出書を提出しなくても、登録を受けることができます。（インボイス通達5-1）

　なお、この経過措置の適用を受けない課税期間に登録を受ける場合については、原則どおり、課税事業者選択届出書を提出しなければなりません。

　また、免税事業者が課税事業者となることを選択した課税期間の初日から登録を受けようとする場合は、その課税期間の初日の前日から起算して1月前の日までに登録申請書を提出しなければならないので注意が必要です。

(例)　免税事業者である個人事業者が平成 35 年 10 月 1 日に登録を受けるため、平成 35 年 3 月 31 日までに登録申請書を提出し、平成 35 年 10 月 1 日に登録を受けた場合

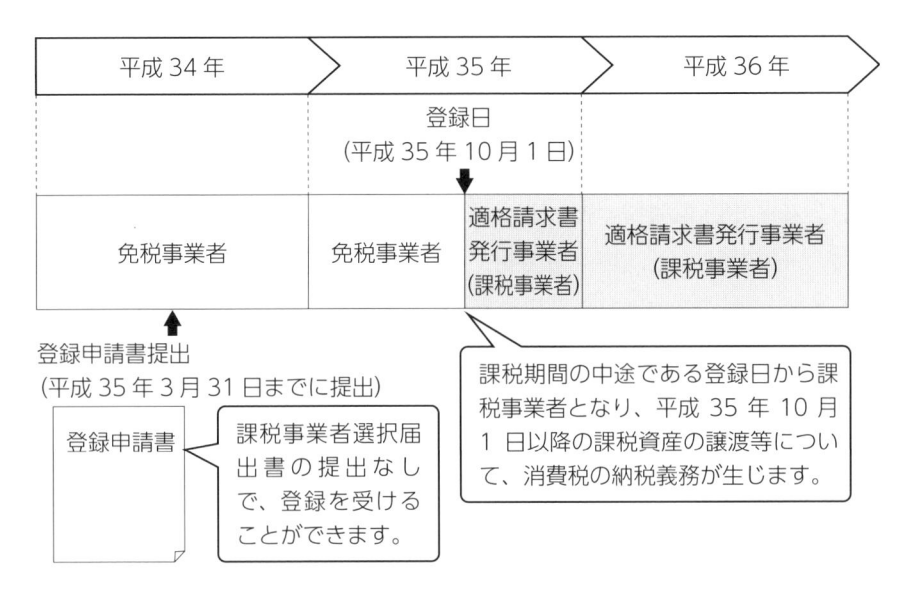

(4)　登録を受ける事業者

　適格請求書を交付することができるのは、適格請求書発行事業者に限られますが、適格請求書発行事業者の登録を受けるかどうかは事業者の任意となります。(新消法 57 の 2 ①、57 の 4 ①)

　ただし、適格請求書発行事業者の登録を受けなければ、適格請求書を交付することができず、取引先は仕入税額控除を行うことができません。

　この点を踏まえた上で登録の必要性を検討する必要があります。

　また、適格請求書発行事業者は、販売する商品が軽減税率対象品目であるかどうかを問わず、取引の相手方(課税事業者に限る)から交付を求められたときには、適格請求書を交付しなければなりません(販売した商品が軽減税率である必要はありません)。

なお、適格請求書発行事業者は、消費者や免税事業者などの課税事業者以外の者に対しての交付義務はなく、顧客が消費者のみである場合には、必ずしも適格請求書を交付する義務はありません。

(5)　新設法人等の登録時期の特例

　免税事業者である新設法人の場合には、事業を開始した日の属する課税期間の末日までに課税事業者選択届出書を提出すれば、その事業を開始した日の属する課税期間の初日から課税事業者となります。

　また、新設法人が、事業を開始した日の属する課税期間の初日からその課税期間の末日まで登録申請書を提出した場合において、税務署長により適格請求書発行事業者登録簿への登録がされたときは、その課税期間の初日に登録を受けたものとみなされます。(インボイス通達2-2)

　したがって、免税事業者である新設法人が事業開始(設立)時から、適格請求書発行事業者の登録を受けるためには、設立後、その課税期間の末日までに、課税事業者選択届出書と登録申請書を併せて提出することが必要となります。

　なお、課税事業者である新設法人の場合については、事業を開始した日の属する課税期間の末日までに、登録申請書を提出することで、新設法人等の登録時期の特例の適用を受けることができます。(新設合併、新設分割、個人事業者の新規開業等の場合も同様)

(例) 平成 35 年 11 月 1 日に法人（3 月決算）を設立し、平成 36 年 2 月 1 日に登録
申請書と課税事業者選択届出書を併せて提出した免税事業者である新設法人の場合

事業開始（設立）（平成 35 年 11 月 1 日）

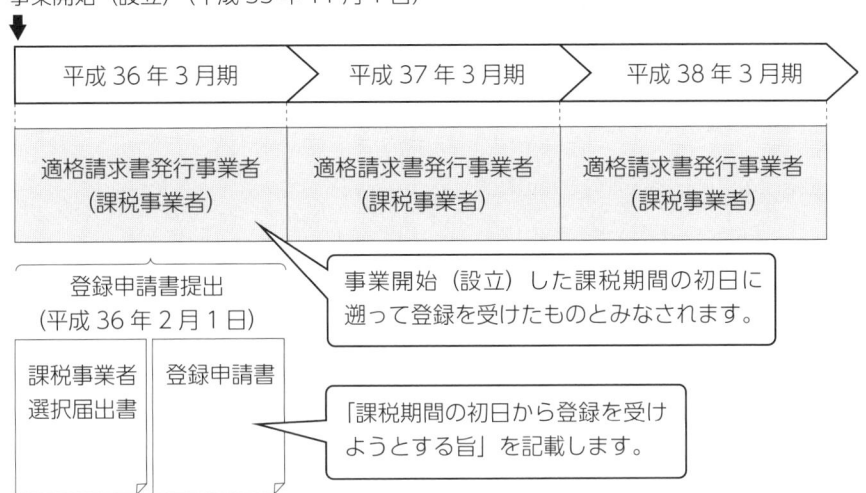

(6) 適格請求書発行事業者の登録の取消し

適格請求書発行事業者は、税務署長に「適格請求書発行事業者の登録の取消しを求める旨の届出書」（以下「登録取消届出書」という）を提出した場合には、適格請求書発行事業者の登録の効力がなくなることとなります。（新消法 57 の 2 ⑩一）

なお、この場合、原則として、登録取消届出書の提出があった日の属する課税期間の翌課税期間の初日にその効力がなくなります。

ただし、登録取消届出書を、その提出のあった日の属する課税期間の末日から起算して 30 日前の日からその課税期間の末日までの間に提出した場合は、その提出があった日の属する課税期間の翌々課税期間の初日にその効力がなくなることとなるので注意が必要です。

また、税務署長は、以下の場合に該当するときは適格請求書発行事業者の登録を取り消すことができます。

　イ　1年以上所在不明であること

　ロ　事業を廃止したと認められること

　ハ　合併により消滅したと認められること

　ニ　消費税法の規定に違反して罰金以上の刑に処せられたこと

【　適格請求書発行事業者の登録の取消　】

(例1)　適格請求書発行事業者である法人（3月決算）が平成37年2月1日に登録取消届出書を提出した場合

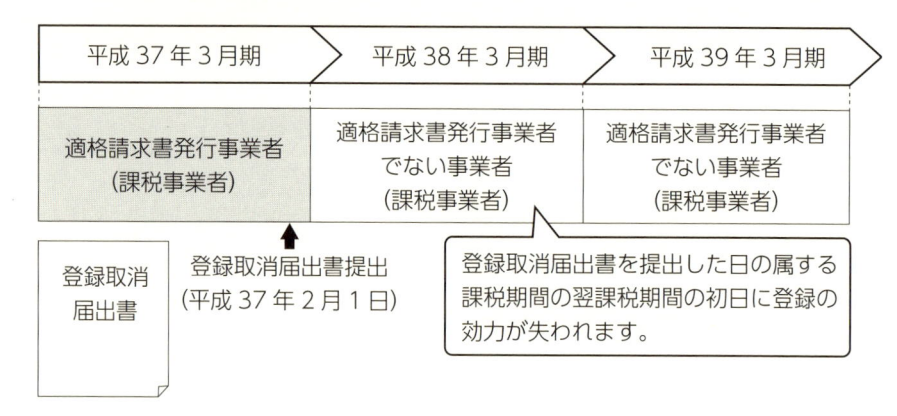

（例 2）　適格請求書発行事業者である法人（3 月決算）が平成 37 年 3 月 15 日に登録取消届出書を提出した場合（届出書を、その提出のあった日の属する課税期間の末日から起算して 30 日前の日から、その課税期間の末日までの間に提出した場合）

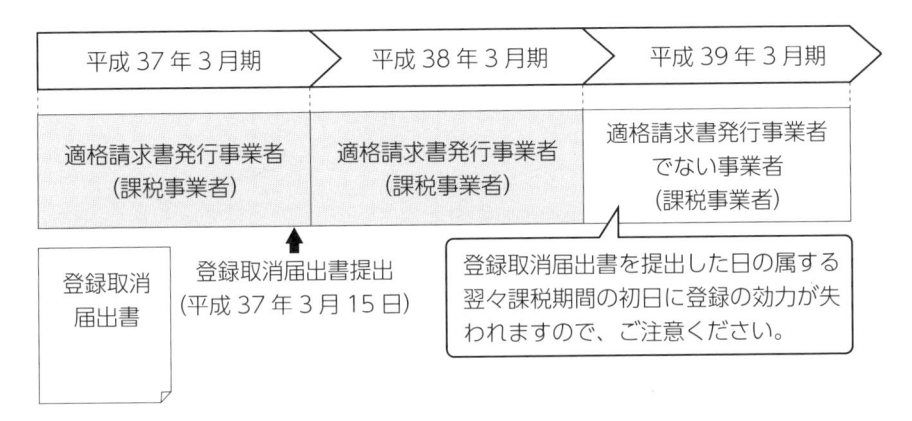

(7)　登録番号の構成

　適格請求書発行事業者に与えられる登録番号の構成は、以下のとおりです。（インボイス通達 2-3）法人の場合には、法人番号が既に与えられていることから、インボイス制度の登録番号については、現時点で判明していることとなります。

　　イ　法人番号を有する課税事業者

　　　　「T」（ローマ字）＋法人番号（数字 13 桁）

　　ロ　上記イ以外の課税事業者（個人事業者、人格のない社団等）

　　　　「T」（ローマ字）＋数字 13 桁 (※)

　　　　（※）　13 桁の数字には、マイナンバー（個人番号）は用いず、法人番号とも重複しない事業者ごとの番号となります。

❷　適格請求書発行事業者の公表

　適格請求書発行事業者登録簿の登載事項については、インターネットを

通じて、国税庁のホームページにおいて公表されます。（新消法57の2④⑪）

　また、適格請求書発行事業者の登録が取り消された場合又は効力を失った場合、その年月日が国税庁のホームページにおいて公表されます。

　具体的な公表事項については、次のとおりです。

イ　適格請求書発行事業者の氏名又は名称及び登録番号

ロ　登録年月日

ハ　登録取消年月日、登録失効年月日

ニ　法人（人格のない社団等を除く）については、本店又は主たる事務所の所在地

ホ　特定国外事業者（国内において行う資産の譲渡等に係る事務所、事業所その他これらに準ずるものを国内に有しない国外事業者）以外の国外事業者については、国内において行う資産の譲渡等に係る事務所、事業所その他これらに準ずるものの所在地

　さらに、上記の事項以外に「適格請求書発行事業者の公表事項の公表（変更）申出書」において主たる屋号や主たる事務所の所在地について、公表の申出のあった個人事業者等にあっては、これらの事項についても公表されます。

　この公表事項の閲覧を通じて、交付を受けた請求書等の作成者が適格請求書発行事業者に該当するかを確認することができます。

　したがって、事業者が仕入税額控除を行うにあたって、相手先が適格請求書発行事業者かどうかを確認する手段として活用することとなります。

3 適格請求書発行事業者の交付義務等

(1) 適格請求書の交付義務

適格請求書発行事業者は、国内において課税資産の譲渡等を行った場合に、相手方（課税事業者に限る）からの求めに応じて適格請求書を交付する義務が課されています。（新消法57の4①）

なお、課税資産の譲渡等に係る適用税率は問わないので、標準税率の取引のみを行っている場合であっても、取引の相手方から交付を求められたときは、適格請求書の交付義務があります。ただし、その取引が免税取引、非課税取引、不課税取引のみを行った場合には、適格請求書の交付義務はありません。

また、適格請求書発行事業者は、適格請求書の交付に代えて、適格請求書に係る電磁的記録を提供することができます。（新消法57の4⑤）

さらに、3万円未満の旅客の運送などの一定の取引については、適格請求書発行事業者が行う事業の性質上、適格請求書を交付することが困難なため、適格請求書の交付義務が免除されています。

(2) 適格簡易請求書の交付ができる事業

適格請求書発行事業者が、不特定かつ多数の者に対して以下の事業を行う場合には、適格請求書に代えて適格簡易請求書を交付することができます。（新消法57の4②）

なお、この適格簡易請求書についても、その交付に代えて、その記載事項に係る電磁的記録を提供することができます。

　イ　小売業
　ロ　飲食店業

ハ　写真業

　ニ　旅行業

　ホ　タクシー業

　ヘ　駐車場業（不特定かつ多数の者に対するものに限ります）

　ト　その他これらの事業に準ずる事業で不特定かつ多数の者に資産の譲
　　渡等を行う事業

(3)　適格請求書の様式

　この適格請求書の様式は、法令で定められていないことから、適格請求書として必要な事項が記載されていれば、名称を問わず適格請求書に該当します。（インボイス通達3-1）

　また、手書きの領収書でも必要な記載事項を記載されていれば適格請求書に該当することとなります。

(4)　売上げに係る対価の返還等を行った場合

　売上げに係る対価の返還等を行う適格請求書発行事業者は、当該売上げに係る対価の返還等を受ける事業者に対して、一定の事項を記載した請求書、納品書その他これらに類する書類（適格返還請求書）を交付しなければなりません。

(5)　適格請求書に係る電磁的記録による提供

　適格請求書発行事業者は、国内において課税資産の譲渡等を行った場合に、相手方（課税事業者に限る）から求められたときは、適格請求書の交付に代えて、適格請求書に係る電磁的記録を提供することができます。（新消法57の4①⑤）

　ただし、適格請求書発行事業者が提供した電子データを電磁的に保存しようとする場合には一定の要件を満たした状態で保存しなければなりません。

この電磁的記録による提供方法については、光ディスク、磁気テープ等の記録用の媒体による提供のほか、次の方法があります。

　イ　EDI取引[※]における電子データの提供

　　（※）　EDI（Electronic Data Interchange）取引とは、異なる企業・組織間で商取引に関連するデータを、通信回線を介してコンピュータ間で交換する取引等をいいます。

　ロ　電子メールによる電子データの提供

　ハ　インターネット上にサイトを設け、そのサイトを通じた電子データの提供

(6)　適格請求書の記載事項に誤りがあった場合

　適格請求書発行事業者が、適格請求書、適格簡易請求書又は適格返還請求書を交付した場合において、これらの書類の記載事項に誤りがあったときは、これらの書類を交付した相手方に対して、修正した適格請求書、適格簡易請求書又は適格返還請求書を交付しなければなりません。（新消法57の4④⑤）

　また、記載事項に誤りがある適格請求書の交付を受けた事業者は、仕入税額控除を行うために、適格請求書発行事業者に対して修正した適格請求書の交付を求め、その交付を受ける必要があります。

　なお、適格請求書を受け取った事業者が、自ら追記や修正を行うことはできません。

(7)　適格請求書類似書類等の交付禁止

　適格請求書又は適格簡易請求書に類似するもの及び適格請求書の記載事項に係る電磁的記録に類似するもの（以下「適格請求書類似書類等」という）の交付及び提供を禁止します。

　なお、適格請求書類似書類等の交付又は提供をした者に対しては罰則規定を設けます。

4 交付義務の免除

(1) 適格請求書の交付義務が免除される取引

次の取引は、適格請求書発行事業者が行う事業の性質上、適格請求書を交付することが困難なため、適格請求書の交付義務が免除されます。(新消令70の9②)

- イ　3万円未満の公共交通機関(船舶、バス又は鉄道)による旅客の運送
- ロ　出荷者が卸売市場において行う生鮮食料品等の販売(出荷者から委託を受けた受託者が卸売の業務として行うものに限る)
- ハ　生産者が農業協同組合、漁業協同組合又は森林組合等に委託して行う農林水産物の販売(無条件委託方式かつ共同計算方式により生産者を特定せずに行うものに限る)
- ニ　3万円未満の自動販売機及び自動サービス機により行われる商品の販売等
- ホ　郵便切手類のみを対価とする郵便・貨物サービス(郵便ポストに差し出されたものに限る)

(2) 公共交通機関の特例

適格請求書の交付義務が免除される公共交通機関の特例の対象となるのは、3万円未満の公共交通機関による旅客の運送で、次のものをいいます。(新消令70の9②一)

- イ　船舶による旅客の運送
    - 一般旅客定期航路事業、人の運送をする貨物定期航路事業、人の運送をする不定期航路事業(乗合旅客の運送をするものに限る)として

行う旅客の運送（対外航路のものを除く）

ロ　バスによる旅客の運送

一般乗合旅客自動車運送事業として行う旅客の運送

（注）　路線不定期運行（空港アクセスバス等）及び区域運行（旅客の予約等による乗合運行）も対象となります。

ハ　鉄道・軌道による旅客の運送

- 鉄道：第一種鉄道事業、第二種鉄道事業として行う旅客の運送
- 軌道（モノレール等）：軌道法第3条に規定する運輸事業として行う旅客の運送

(3)　公共交通機関の特例の3万円未満の判定単位

適格請求書の交付義務が免除される公共交通機関の特例の対象となるのは、3万円未満の公共交通機関による旅客の運送であり、ここでいう3万円未満の公共交通機関による旅客の運送かどうかは、1回の取引の税込価額が3万円未満かどうかで判定します。（インボイス通達3-9）

したがって、1商品（切符1枚）ごとの金額や月まとめ等の金額で判定することはできません。

【　具体例　】

東京‐大阪間の新幹線の大人運賃が13,000円であり、4人分の運送役務の提供を行う場合には、4人分の52,000円で判定することとなります。

(4)　特急料金・入場料金

特急料金、急行料金及び寝台料金は、旅客の運送に直接的に附帯する対価として、公共交通機関の特例の対象となります。また、入場料金や手回品料金は、旅客の運送に直接的に附帯する対価ではないので、公共交通機関の特例の対象となりません。（インボイス通達3-10）

(5) 卸売市場を通じた委託販売

　卸売市場法に規定する卸売市場において、卸売の業務として出荷者から委託を受けた事業者が行う生鮮食料品等の販売は、適格請求書を交付することが困難な取引として、出荷者から生鮮食料品等を購入した事業者に対する適格請求書の交付義務が免除されます。（新消法 57 の 4 ①、新消令 70 の 9 ②ニイ）

　なお、この場合において、生鮮食料品等を購入した事業者は、卸売の業務を行う事業者など媒介又は取次ぎに係る業務を行う者が作成する一定の書類を保存することが仕入税額控除の要件となります。

(6) 農協等を通じた委託販売

　農業協同組合、農事組合法人、水産業協同組合、森林組合、事業協同組合、協同組合連合会（以下これらを併せて「農協等」という）の組合員その他の構成員が、農協等に対して、無条件委託方式かつ共同計算方式により販売を委託した農林水産物の販売は、適格請求書を交付することが困難な取引として、組合員等から購入者に対する適格請求書の交付義務が免除されます。（新消法 57 の 4 ①、新消令 70 の 9 ②ニロ）

　なお、無条件委託方式及び共同計算方式とは、以下のものをいいます。

　また、この場合において、農林水産物を購入した事業者は、農協等が作成する一定の書類を保存することが仕入税額控除の要件となります。

❶　無条件委託方式

　出荷した農林水産物について、売値、出荷時期、出荷先等の条件を付けずにその販売を委託すること

❷　共同計算方式

　一定の期間における農林水産物の譲渡に係る対価の額をその農林水産物の種類、品質、等級その他の区分ごとに平均した価格をもって算出した金

額を基礎として精算すること

(7)　自動販売機及び自動サービス機の範囲

　適格請求書の交付義務が免除される自動販売機の特例の対象となる自動販売機や自動サービス機とは、代金の受領と資産の譲渡等が自動で行われる機械装置であって、その機械装置のみで代金の受領と資産の譲渡等が完結するものをいいます。（インボイス通達3-11）

　したがって、例えば、自動販売機による飲食料品の販売のほか、コインロッカーやコインランドリー等によるサービスのように機械装置のみにより代金の受領と資産の譲渡等が完結するものが該当します。

　なお、小売店内に設置されたセルフレジを通じた販売のように、機械装置により単に精算が行われているだけのものや、自動券売機のように、代金の受領と券類の発行はその機械装置で行われるものの資産の譲渡等は、自動販売機や自動サービス機による商品の販売等には含まれないので注意が必要です。

5　適格請求書の交付の特例等

(1)　媒介者交付特例

　委託販売の場合、購入者に対して課税資産の譲渡等を行っているのは、委託者であることから、本来、委託者が購入者に対して適格請求書を交付することとなります。

　このような場合において、受託者が委託者を代理して、委託者の氏名又は名称及び登録番号を記載した委託者における適格請求書を、その相手方に対して交付することができます。（代理交付）

　また、次のイ及びロの要件を満たすことにより、媒介又は取次ぎを行う

者である受託者が、委託者が行った課税資産の譲渡等について、自己の氏名又は名称及び登録番号を記載した適格請求書又は適格請求書に係る電磁的記録を、委託者に代わって、購入者に交付し、又は提供することができます。（新消令70の12①）

⊙（媒介者交付特例）

　イ　委託者及び受託者が適格請求書発行事業者であること
　ロ　委託者が受託者に、自己が適格請求書発行事業者の登録を受けている旨を取引前までに通知していること（通知の方法としては、個々の取引の都度、事前に登録番号を書面等により通知する方法のほか、例えば、基本契約等により委託者の登録番号を記載する方法などがある。〔インボイス通達3-7〕）

　なお、媒介者交付特例を適用する場合における受託者の対応及び委託者の対応は、以下のとおりとなります。

⊙（受託者の対応）

　イ　交付した適格請求書の写し又は提供した電磁的記録を保存する。
　ロ　交付した適格請求書の写し又は提供した電磁的記録を速やかに委託者に交付又は提供する。

　　（注）　委託者に交付する適格請求書の写しについては、複数の委託者の商品を販売した場合や多数の購入者に対して日々の適格請求書を交付する場合などでコピーが大量になるなど適格請求書の写しそのものを交付することが困難な場合には、適格請求書の写しと相互の関連が明確な精算書等の書類等を交付することで差し支えありません。
　　　　なお、この場合には、交付した当該精算書等の写しを保存する必要があります。（インボイス通達3-8）
　　　　また、精算書等の書類等には、適格請求書の記載事項のうち「課税資産の譲渡等の税抜価額又は税込価額を税率ごとに区分して合計した金額及び適用税率」や「税率ごとに区分した消費税額等」など、委託者の売上税額の計算に必要な一定事項を記載する必要があります。

⦿（委託者の対応）

　　イ　自己が適格請求書発行事業者でなくなった場合、その旨を速やかに
　　　　受託者に通知する。

　　ロ　委託者の課税資産の譲渡等について、受託者が委託者に代わって適
　　　　格請求書を交付していることから、委託者においても、受託者から交
　　　　付された適格請求書の写しを保存する。

【　媒介者交付特例の取引図　】

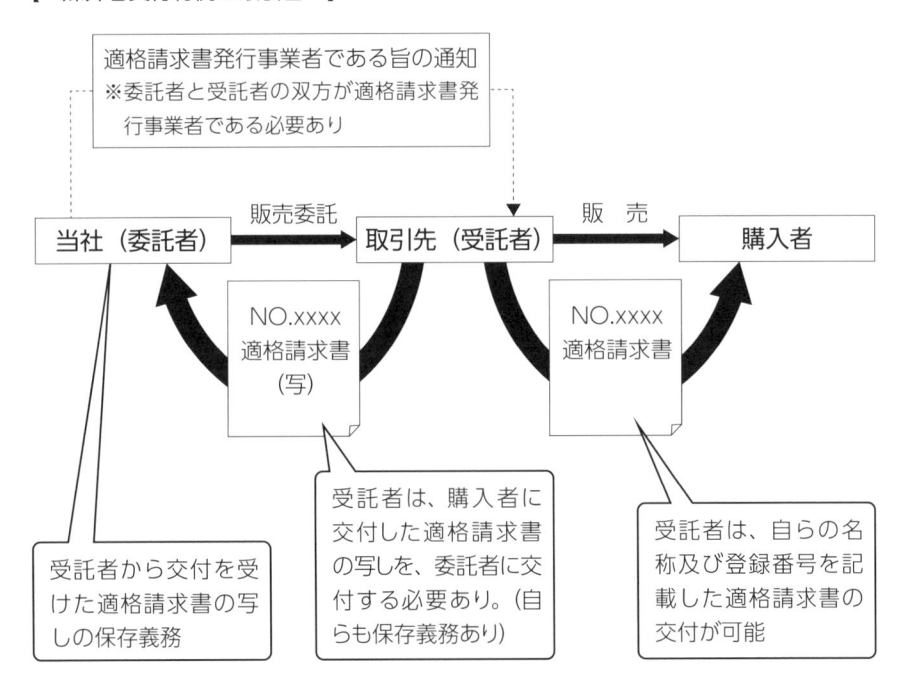

【 受託者が委託者に適格請求書の写しとして交付する書類（精算書）の記載例 】

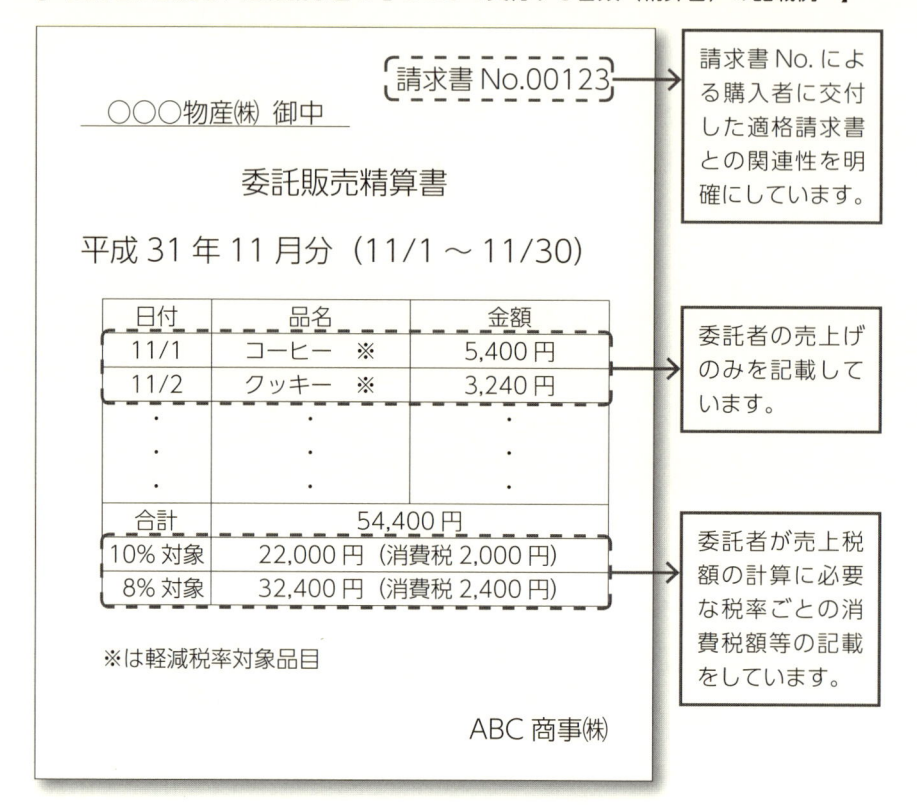

日付	品名	金額
11/1	コーヒー ※	5,400 円
11/2	クッキー ※	3,240 円
・	・	・
・	・	・
・	・	・
合計		54,400 円
10% 対象	22,000 円（消費税 2,000 円）	
8% 対象	32,400 円（消費税 2,400 円）	

請求書 No.00123

○○○物産㈱ 御中

委託販売精算書

平成 31 年 11 月分（11/1 ～ 11/30）

※は軽減税率対象品目

ABC 商事㈱

請求書 No. による購入者に交付した適格請求書との関連性を明確にしています。

委託者の売上げのみを記載しています。

委託者が売上税額の計算に必要な税率ごとの消費税額等の記載をしています。

（2） 任意組合等にかかる事業の適格請求書の交付

　任意組合等が事業として行う課税資産の譲渡等については、その組合員の全てが適格請求書発行事業者であり業務執行組合員等が、その旨を記載した届出書を税務署長に提出した場合に限り適格請求書を交付することができます。（新消法 57 の 6 ①、新消令 70 の 14 ①②）

　この場合において、任意組合等のいずれかの組合員が適格請求書を交付することができるものとし、その写しの保存は、適格請求書を交付した組合員が行うこととなります。

　なお、交付する適格請求書に記載する「適格請求書発行事業者の氏名又

は名称及び登録番号」は、原則として組合員全員のものを記載することとなりますが、以下の事項を記載することも認められています。

　イ　その任意組合等のいずれかの組合員の「氏名又は名称及び登録番号」（一又は複数の組合員の「氏名又は名称及び登録番号」で差し支えありません。）

　ロ　その任意組合等の名称

(3)　適格請求書発行事業者とそれ以外の事業者の共有資産の譲渡等

　適格請求書発行事業者が適格請求書発行事業者以外の者と資産を共有している場合、その資産の譲渡や貸付けについては、所有者ごとに取引を合理的に区分し、相手方の求めがある場合には、適格請求書発行事業者の所有割合に応じた部分について、適格請求書を交付しなければなりません。（インボイス通達 3-5）

⑥　適格請求書等の写しの保存義務

(1)　適格請求書の写しの保存義務及び保存期間

　適格請求書発行事業者には、交付した適格請求書の写し及び提供した適格請求書に係る電磁的記録の保存義務があります。（新消法 57 の 4 ⑥）

　この適格請求書の写しや電磁的記録については、交付した日又は提供した日の属する課税期間の末日の翌日から 2 月を経過した日から 7 年間保存しなければなりません。（新消令 70 の 13 ①）

　なお、交付を受けた事業者の仕入税額控除の要件として保存すべき適格請求書等についても、同様です。（新消令 50 ①）

　また、法律により保存が義務付けられている書類で、自己が一貫して電

子計算機を使用して作成したものについては、電帳法に基づき一定の要件を充たすことについて税務署長の承認を受けた場合、電磁的記録による保存をもって書類の保存に代えることができます。

ただし、作成したデータでの保存にあたっては、次の要件を満たす必要があります。

イ　適格請求書に係る電磁的記録の保存等と併せて、システム関係書類等（システム概要書、システム仕様書、操作説明書、事務処理マニュアル等）の備付けを行うこと

ロ　適格請求書に係る電磁的記録の保存等をする場所に、その電磁的記録の電子計算機処理の用に供することができる電子計算機、プログラム、ディスプレイ及びプリンタ並びにこれらの操作説明書を備え付け、その電磁的記録をディスプレイの画面及び書面に、整然とした形式及び明瞭な状態で、速やかに出力できるようにしておくこと

ハ　適格請求書に係る電磁的記録について、次の要件を満たす検索機能を確保しておくこと

- 取引年月日、その他の日付を検索条件として設定できること
- 日付に係る記録項目は、その範囲を指定して条件を設定することができること

（注）　電帳法上の保存方法等については、国税庁ホームページに掲載されている「電子帳簿保存法取扱通達解説（趣旨説明）」や「電子帳簿保存法（Q&A）」を参考にしてください。

(2)　適格請求書に係る電磁的記録を提供した場合の保存方法

適格請求書発行事業者は、国内において課税資産の譲渡等を行った場合において、相手方（課税事業者に限る）から求められたときは適格請求書を交付しなければなりませんが、適格請求書の交付に代えて、適格請求書に係る電磁的記録を相手方に提供することができます。（新消法57の4①⑤）

この場合において、適格請求書発行事業者は、提供した電磁的記録を電磁的記録のまま又は紙に印刷して、その提供した日の属する課税期間の末日の翌日から2月を経過した日から7年間保存しなければなりません。（新消法57の4⑥）

　また、その電磁的記録をそのまま保存しようとするときには、適格請求書に係る電磁的記録の提供後遅滞なくタイムスタンプを付すなど一定の措置を講じる必要があります。（新消規26の8①）

第3節 適格請求書等の記載事項

1 適格請求書の記載事項

「適格請求書」とは、次に掲げる事項を記載した請求書、納品書その他これらに類する書類をいいます。（新消法57の4①）

- イ 適格請求書発行事業者の氏名又は名称及び登録番号
- ロ 課税資産の譲渡等を行った年月日
- ハ 課税資産の譲渡等に係る資産又は役務の内容（当該課税資産の譲渡等が軽減対象課税資産の譲渡等である場合には、その旨）
- ニ 課税資産の譲渡等に係る税抜価額又は税込価額を税率の異なるごとに区分して合計した金額及び適用税率
- ホ 税率ごとに区分して合計した消費税額等 (※)
- ヘ 書類の交付を受ける事業者の氏名又は名称

(※) 消費税額等とは、消費税額及び地方消費税額の合計額をいい、課税資産の譲渡等に係る税抜価額を税率の異なるごとに区分して合計した金額に100分の10（軽減対象課税資産の場合100分の8）を乗じて計算した金額又は課税資産の譲渡等に係る税込価額を税率の異なるごとに区分して合計した金額に110分の10（軽減対象課税資産の場合108分の8）を乗じて計算した金額とします。なお、消費税額等の計算において1円未満の端数が生じた場合には、税率の異なるごとに当該端数を処理します。

(注) 上記の記載事項のうち、①の登録番号を記載しないで作成した請求書等は、平成31年10月1日から実施される軽減税率制度における区分記載請求書等として取り扱われます。

【 具体例 】

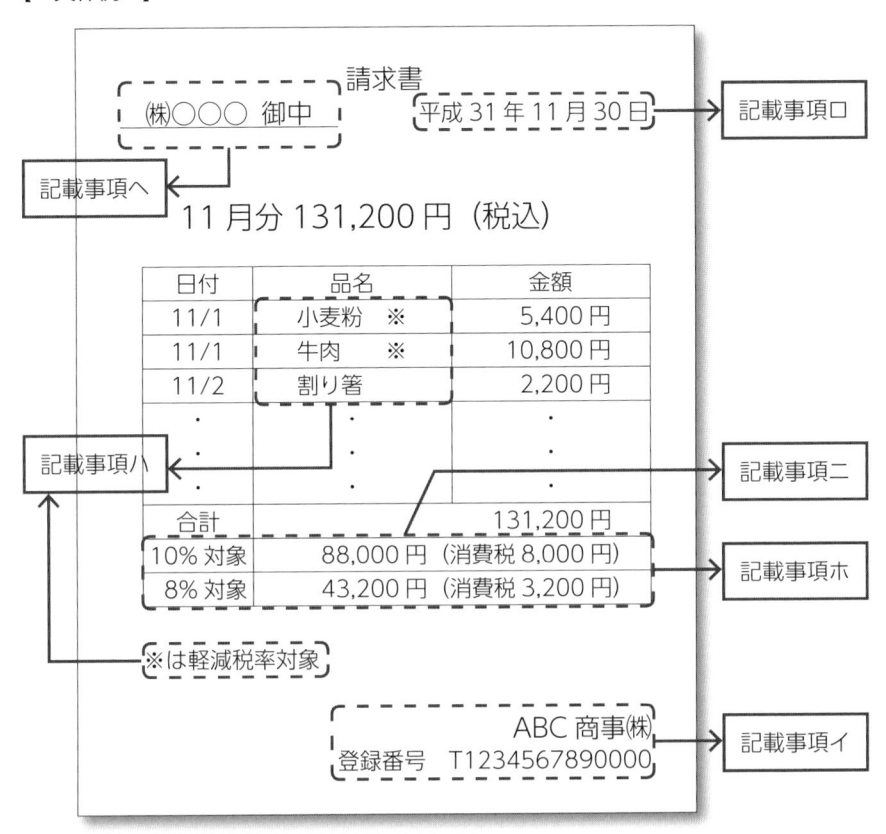

記載事項イ　適格請求書発行事業者の氏名又は名称及び登録番号
記載事項ロ　課税資産の譲渡等を行った年月日
記載事項ハ　課税資産の譲渡等に係る資産又は役務の内容（当該課税資産の譲渡等が
　　　　　　軽減対象課税資産の譲渡等である場合には、その旨）
記載事項ニ　課税資産の譲渡等に係る税抜価額又は税込価額を税率の異なるごとに区
　　　　　　分して合計した金額及び適用税率
記載事項ホ　税率ごとに区分して合計した消費税額等
記載事項ヘ　書類の交付を受ける事業者の氏名又は名称

【　現行制度からインボイス制度導入までの請求書等の記載事項　】

請求書等保存方式 （現行制度）	区分記載請求書等保存方式 （平成 31 年 10 月 1 日から 平成 35 年 9 月 30 日までの間）	適格請求書等保存方式 （平成 35 年 10 月 1 日から）
①　書類の作成者の氏名又は名称	①　書類の作成者の氏名又は名称	①　適格請求書発行時業者の氏名又は名称及び登録番号
②　課税資産の譲渡等を行った年月日	②　課税資産の譲渡等を行った年月日	②　課税資産の譲渡等を行った年月日
③　課税資産の譲渡等に係る資産または役務の内容	③　課税資産の譲渡等に係る資産または役務の内容 （課税資産の譲渡等が軽減対象資産の譲渡等である場合には、資産の内容及び軽減対象資産の譲渡等である旨）	③　課税資産の譲渡等に係る資産または役務の内容 （課税資産の譲渡等が軽減対象資産の譲渡等である場合には、資産の内容及び軽減対象資産の譲渡等である旨）
④　課税資産の譲渡等の税込価額	④　税率ごとに合計した課税資産の譲渡等の税込価額	④　税率ごとに区分した課税資産の譲渡等の税抜価格又は税込価額の合計額及び適用税率 ⑤　税率ごとに区分した消費税額等
⑤　書類の交付を受ける当該事業者の氏名又は名称	⑤　書類の交付を受ける当該事業者の氏名又は名称	⑥　書類の交付を受ける当該事業者の氏名又は名称

(注)　1　区分記載請求書等保存方式の下では、これまで（軽減税率制度の実施前）の請求書等の記載事項に下線（実線）部分が追加されます。
　　　2　適格請求書等保存方式の下では、区分記載請求書等の記載事項に下線（点線）部分が追加・変更されます。

② 適格簡易請求書の記載事項

　適格請求書発行事業者が、小売業、飲食店業、写真業、旅行業、タクシー業又は駐車場業等の不特定かつ多数の者に課税資産の譲渡等を行う一定の事業を行う場合には、適格請求書に代えて「適格簡易請求書」を交付することができます。（新消法 57 の 4 ②、新消令 70 の 11）

適格簡易請求書の記載事項は、適格請求書の記載事項よりも簡易なものとされており、適格請求書の記載事項に比べ、「書類の交付を受ける事業者の氏名又は名称」の記載が不要である点、「税率ごとに区分した消費税額等」又は「適用税率」のいずれか一方の記載で足りる点が異なります。

　適格簡易請求書とは、次に掲げる事項を記載した請求書、納品書その他これらに類する書類をいいます。

イ　適格請求書発行事業者の氏名又は名称及び登録番号

ロ　課税資産の譲渡等を行った年月日

ハ　課税資産の譲渡等に係る資産又は役務の内容（当該課税資産の譲渡等が軽減対象課税資産の譲渡等である場合には、その旨）

ニ　課税資産の譲渡等に係る税抜価額又は税込価額を税率ごとに区分して合計した金額

ホ　税率ごとに区分して合計した消費税額等又は適用税率[※]

(※)「税率ごとに区分した消費税額等」と「適用税率」を両方記載することも可能です。
(注1)　上記の記載事項のうち、イの登録番号を記載しないで作成したレシートは、平成31年10月1日から平成35年9月30日（適格請求書等保存方式の導入前）までの間における区分記載請求書等に該当します。
(注2)　現行の仕入税額控除の要件として保存が必要な請求書等の記載事項についても、小売業など不特定かつ多数の者に課税資産の譲渡等を行う一定の事業に係るものである場合には、請求書等の交付を受ける相手方の氏名又は名称の記載は不要とされています。

【 適格簡易請求書の記載例（適用税率のみを記載する場合） 】

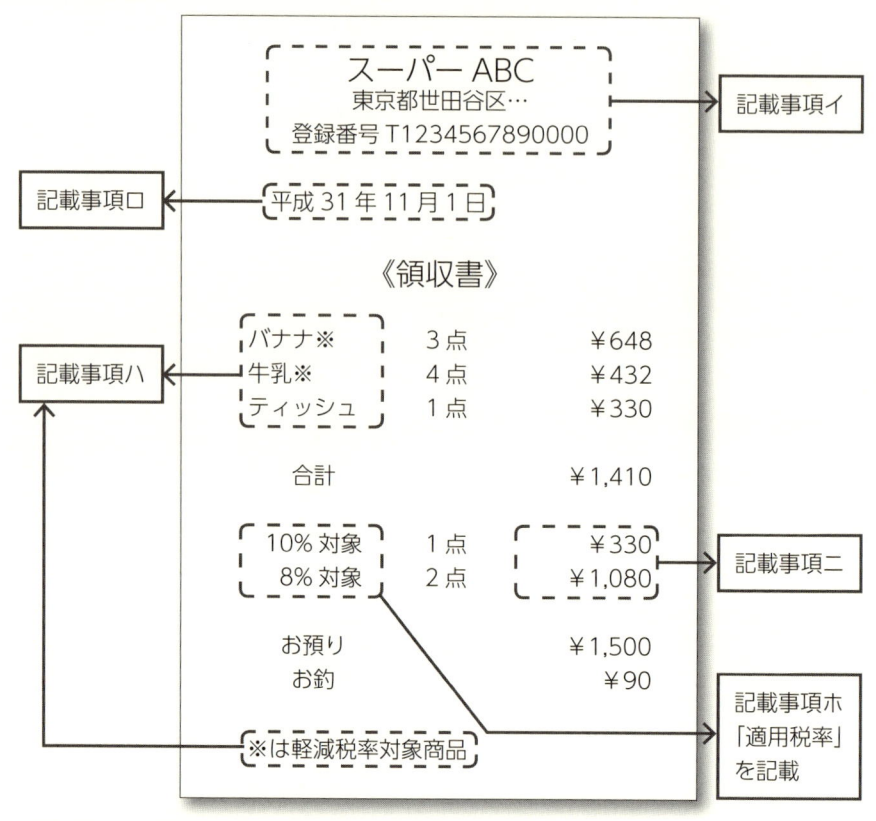

記載事項イ　適格請求書発行事業者の氏名又は名称及び登録番号
記載事項ロ　課税資産の譲渡等を行った年月日
記載事項ハ　課税資産の譲渡等に係る資産の内容（軽減対象課税資産の譲渡等である旨）
記載事項ニ　課税資産の譲渡等に係る税抜価額又は税込価額を税率ごとに区分して合計した金額
記載事項ホ　税率ごとに区分して合計した適用税率

【　適格簡易請求書の記載例（税率ごとに区分した消費税等のみを記載する場合）　】

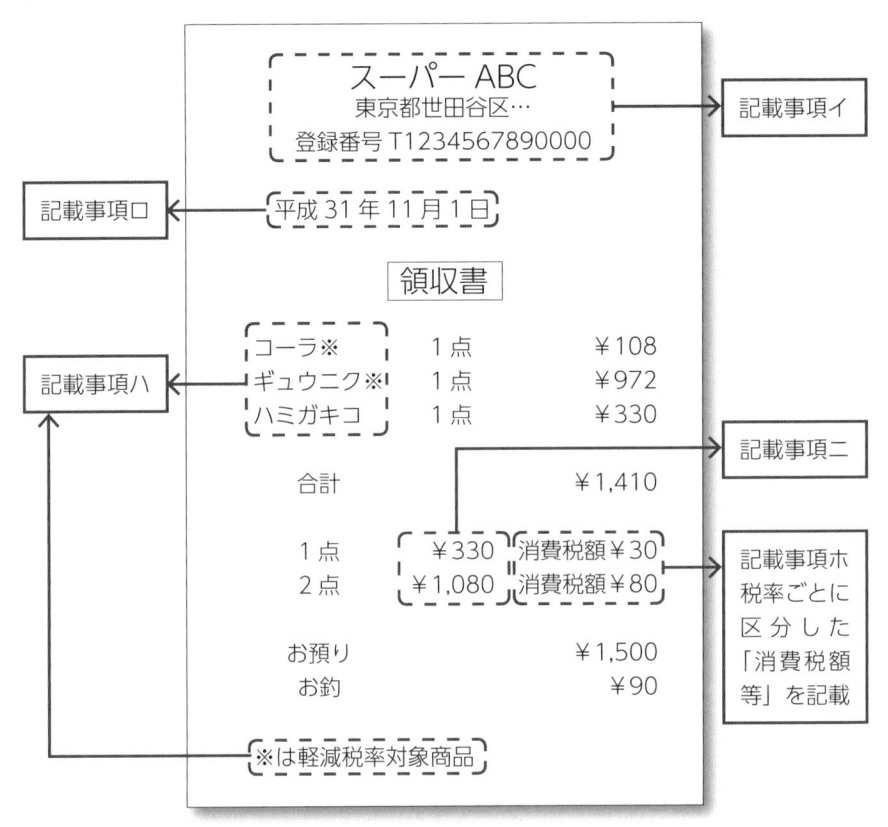

記載事項イ　適格請求書発行事業者の氏名又は名称及び登録番号
記載事項ロ　課税資産の譲渡等を行った年月日
記載事項ハ　課税資産の譲渡等に係る資産の内容（軽減対象課税資産の譲渡等である旨）
記載事項ニ　課税資産の譲渡等に係る税抜価額又は税込価額を税率ごとに区分して合計した金額
記載事項ホ　税率ごとに区分して合計した消費税額等

3 適格返還請求書の記載事項

　適格請求書発行事業者には、課税事業者に売上げに係る対価の返還等を行う場合、適格返還請求書を交付する義務があります。（新消法57の4③）

　この適格返還請求書の記載事項は、以下のとおりです。

イ　適格請求書発行事業者の氏名又は名称及び登録番号

ロ　売上げに係る対価の返還等を行う年月日及びその売上げに係る対価の返還等の基となった課税資産の譲渡等を行った年月日（適格請求書を交付した売上げに係るものについては、課税期間の範囲で一定の期間の記載で差し支えありません）

ハ　売上げに係る対価の返還等の基となる課税資産の譲渡等に係る資産又は役務の内容（売上げに係る対価の返還等の基となる課税資産の譲渡等が軽減対象資産の譲渡等である場合には、資産の内容及び軽減対象資産の譲渡等である旨）

ニ　売上げに係る対価の返還等の税抜価額又は税込価額を税率ごとに区分して合計した金額

ホ　売上げに係る対価の返還等の金額に係る消費税額等又は適用税率

【 適格返還請求書の記載例 】

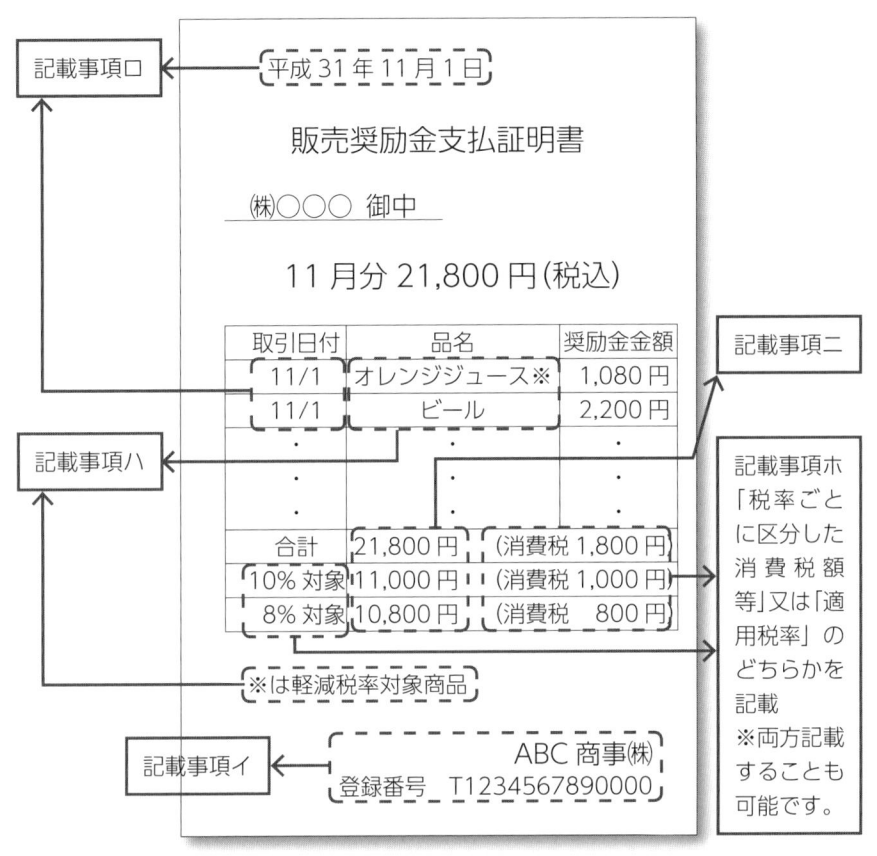

記載事項イ　適格請求書発行事業者の氏名又は名称及び登録番号
記載事項ロ　売上げに係る対価の返還等を行う年月日及びその売上げに係る対価の返
　　　　　　還等の基となった課税資産の譲渡等を行った年月日（適格請求書を交付
　　　　　　した売上げに係るものについては、課税期間の範囲で一定の期間の記載
　　　　　　で差し支えありません。）
記載事項ハ　売上げに係る対価の返還等の基となる課税資産の譲渡等に係る資産又は
　　　　　　役務の内容（売上げに係る対価の返還等の基となる課税資産の譲渡等が
　　　　　　軽減対象資産の譲渡等である場合には、資産の内容及び軽減対象資産の
　　　　　　譲渡等である旨）
記載事項ニ　売上げに係る対価の返還等の税抜価額又は税込価額を税率ごとに区分し
　　　　　　て合計した金額
記載事項ホ　売上げに係る対価の返還等の金額に係る消費税額等又は適用税率

● 適格請求書と適格返還請求書を一の書類で交付する場合

適格請求書発行事業者が、取引先に対し課税資産の譲渡等と売上げに係る対価の返還等を行っている場合には、適格請求書と適格返還請求書を交付する義務があります。

この場合において、交付する請求書に、適格請求書と適格返還請求書のそれぞれに必要な記載事項を記載して一枚の書類で交付することも可能です。

具体的には、当月販売した商品について、適格請求書として必要な事項を記載するとともに、前月分の販売奨励金について、適格返還請求書として必要な事項を記載すれば、1枚の請求書を交付することで差し支えありません。

また、継続適用を条件として課税資産の譲渡等の対価の額から売上げに係る対価の返還等の金額を控除した金額及びその金額に基づき計算した消費税額等を税率ごとに請求書等に記載することで、適格請求書に記載すべき「課税資産の譲渡等の税抜価額又は税込価額を税率ごとに区分して合計した金額」及び「税率ごとに区分した消費税額等」と適格返還請求書に記載すべき「売上げに係る対価の返還等の税抜価額又は税込価額を税率ごとに区分して合計した金額」及び「売上げに係る対価の返還等の金額に係る消費税額等」の記載事項を満たすこととなります。（インボイス通達3-16）

なお、この場合において、課税資産の譲渡等の金額から売上げに係る対価の返還等の金額を控除した金額に基づく消費税額等の計算については、税率ごとに1回の端数処理となります。

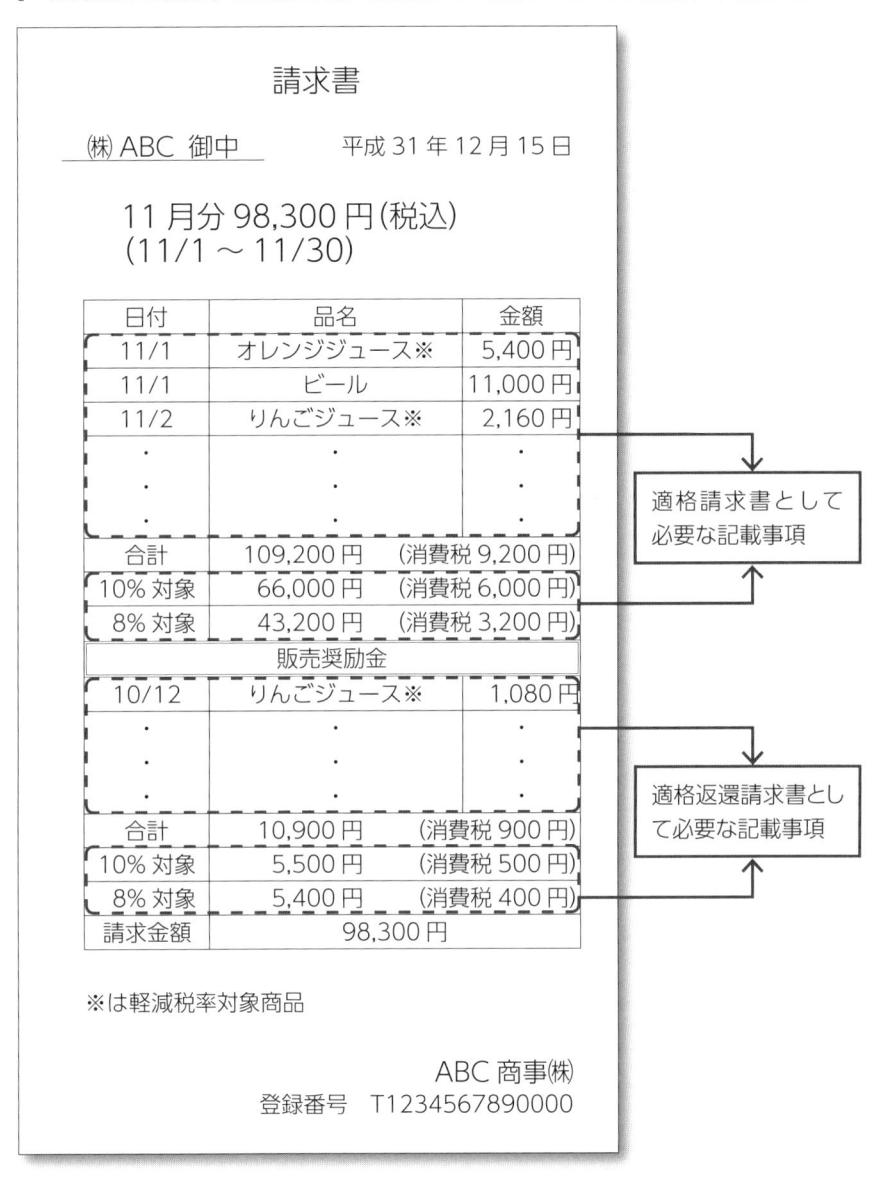

【 対価の返還などを控除した後の金額を記載する場合の記載例 】

請求書

㈱○○○ 御中　　　　　平成 31 年 12 月 15 日

11 月分 98,300 円(税込)
(11/1 ～ 11/30)

日付	品名	金額
11/1	オレンジジュース※	5,400 円
11/1	ビール	11,000 円
11/2	りんごジュース※	2,160 円
·	·	·
·	·	·
·	·	·
合計	109,200 円	(消費税 9,200 円)
販売奨励金		
10/12	りんごジュース※	1,080 円
·	·	·
·	·	·
·	·	·
合計	10,900 円	(消費税 900 円)
請求金額	98,300 円	(消費税 8,300 円)
10% 対象	60,500 円	(消費税 5,500 円)
8% 対象	37,800 円	(消費税 2,800 円)

※は軽減税率対象商品

ABC 商事㈱
登録番号　T1234567890000

継続的に、
①課税資産の譲渡等の対価の額から売上げに係る対価の返還等の金額を控除した金額及び②その金額に基づき計算した消費税額等を税率ごとに記載すれば記載事項を満たします。

4　適格請求書等の記載に関する留意点

(1)　屋号や取引先コードによる記載

　適格請求書等に記載する名称については、例えば、請求書に電話番号を記載するなどし、適格請求書を交付する事業者が特定できる場合、屋号や省略した名称などの記載でも認められます。

　また、登録番号と紐付けて管理されている取引先コード表などを適格請求書発行事業者と相手先の間で共有しており、買手においても取引先コードから登録番号が確認できる場合には、取引先コードの表示により「適格請求書発行事業者の氏名又は名称及び登録番号」の記載があると認められます。（インボイス通達 3-3）

　なお、売手が適格請求書発行事業者でなくなった場合は、速やかに取引先コード表を修正する必要があるほか、事後的な確認を行うために、売手が適格請求書発行事業者である期間が確認できる措置を講じておく必要があります。

(2)　適格請求書に記載する消費税額等の端数処理

　適格請求書の記載事項である消費税額等については、一の適格請求書につき、税率ごとに1回の端数処理を行うこととなります。（新消令70の10、インボイス通達 3-12）

　なお、端数処理の方法については、切上げ、切捨て、四捨五入などの任意の方法とすることができますが、<u>一の適格請求書に記載されている個々の商品ごとに消費税額等を計算し、1円未満の端数処理を行い、その合計額を消費税額等として記載することは認められません。</u>

請求書

㋱○○○ 御中　　　　平成 31 年 11 月 1 日

10 月分 （10/1 ～ 10/31）
100,000 円(税込)

日付	品名	金額
10/1	小麦粉※	5,000 円
10/1	牛肉※	8,000 円
10/2	割り箸	2,000 円
・	・	・
・	・	・
・	・	・
合計	100,000 円	（消費税 8,416 円）
10% 対象	60,000 円	（消費税 5,454 円）
8% 対象	40,000 円	（消費税 2,962 円）

※は軽減税率対象商品

ABC 商事㋱
登録番号　T1234567890000

> 消費税額等の端数処理は、適格請求書単位で、税率ごとに 1 回行います。
> 10% 対象：60,000 円 × 10/110 ≒ 5,454
> 8% 対象：40,000 円 × 8/108 ≒ 2,962
> （注）商品ごとの端数処理は認められません。

（3）　一定期間の取引をまとめた請求書の交付

　適格請求書は、一の書類のみで全ての記載事項を満たす必要はなく、交付された複数の書類相互の関連が明確であり、適格請求書の交付対象となる取引内容を正確に認識できる方法（例えば、請求書に納品書番号を記載するなど）で交付されていれば、その複数の書類を組み合わせた全体の書類により適格請求書の記載事項を満たすことになります。（インボイス通達 3-1）

　また、請求書のみでは適格請求書の記載事項が不足するため、納品書で不足する記載事項を補完する場合には、請求書に登録番号、課税資産の譲

渡等の税抜価額又は税込価額を税率ごとに区分して合計した金額及び適用税率を記載するとともに、日々の取引の内容（軽減税率の対象である旨を含む）については、納品書に記載することにより、2種類の書類で適格請求書の記載事項を満たすことができます。

【　請求書に不足する適格請求書の記載事項を納品書で保管する場合の記載例　】

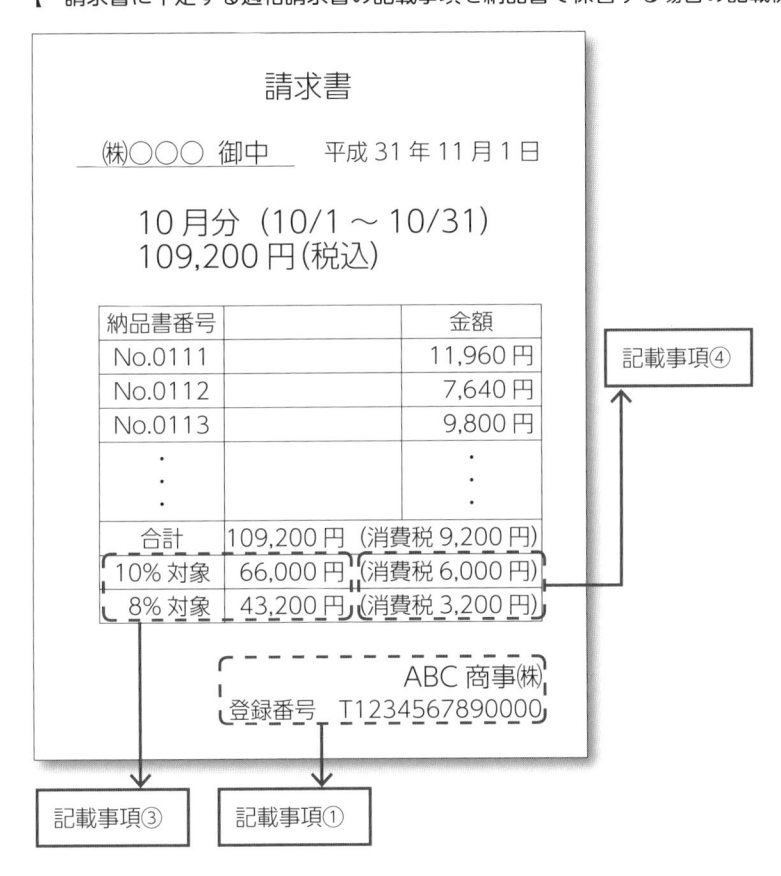

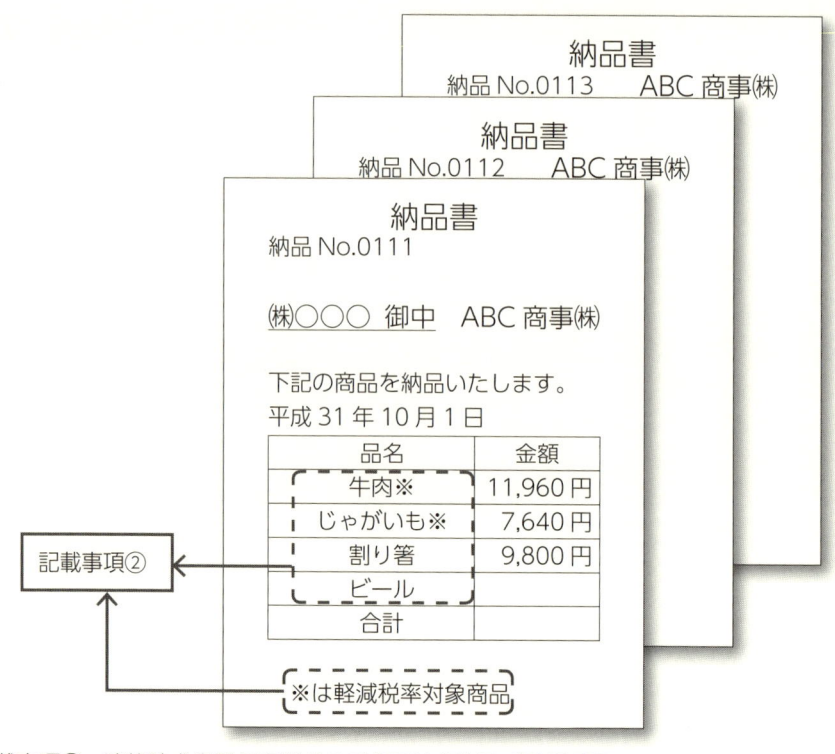

記載事項①　適格請求書発行事業者の氏名又は名称及び登録番号
記載事項②　課税資産の譲渡等に係る資産の内容（軽減対象課税資産の譲渡等である旨）
記載事項③　課税資産の譲渡等に係る税抜価額又は税込価額を税率ごとに区分して合計した金額
記載事項④　税率ごとに区分して合計した消費税額等又は適用税率

（4）　書面と電磁的記録による適格請求書の交付

　適格請求書は、一の書類のみで全ての記載事項を満たす必要はなく、書類相互（書類と電磁的記録）の関連が明確であり、適格請求書の交付対象となる取引内容を正確に認識できる方法で交付されていれば、複数の書類や、書類と電磁的記録の全体により、適格請求書の記載事項を満たすことになります。

したがって、課税資産の譲渡等の内容（軽減税率の対象である旨を含む）を含む請求明細に係る電磁的記録を提供した上で、それ以外の記載事項が記載されている月まとめの請求書を交付することで、これらの全体により、適格請求書の記載事項を満たすことになります。なお、請求明細に係る電磁的記録については、提供した適格請求書に係る電磁的記録と同様の措置等を行い、保存する必要があります。

(5)　平成 35 年 9 月 30 日以前の請求書への登録番号の記載

区分記載請求書等に登録番号を記載している場合において、区分記載請求書等の記載事項が記載されていれば、取引の相手方は、区分記載請求書等保存方式の間（平成 31 年 10 月 1 日から平成 35 年 9 月 30 日まで）における仕入税額控除の要件である区分記載請求書等を保存していることとなります。

また、適格請求書の発行に対応したレジシステム等の改修を行い、適格請求書の記載事項を満たした請求書等を発行する場合にも、その請求書等は、区分記載請求書等として必要な記載事項を満たしていますので、区分記載請求書等保存方式の間に交付しても問題ありません。

ただし、インボイス制度導入後の適格請求書等については、登録番号の記載が必要となります。

(注)　区分記載請求書等の記載事項のうち、「税率ごとに区分して合計した課税資産の譲渡等の対価の額（税込）」については、適格請求書等の記載事項である「税率ごとに区分した税抜価格の合計額及び消費税額等」を記載することとして差し支えありません。

インボイス制度導入後の消費税の計算方法

第4節

1 仕入税額控除の要件

　平成35年10月1日以降の仕入税額控除については、一定の事項が記載された帳簿及び適格請求書等の保存が要件となります。(新消法30⑦)

　なお、保存すべき適格請求書等には、次の書類等も含まれます。

イ　適格簡易請求書

ロ　適格請求書又は適格簡易請求書の記載事項に係る電磁的記録

ハ　適格請求書の記載事項が記載された仕入明細書、仕入計算書その他これに類する書類（課税仕入れの相手方の確認を受けたものに限るものとし、電磁的記録を含む）

ニ　次の取引について、媒介又は取次ぎに係る業務を行う者が作成する一定の書類（電磁的記録を含む）

- 卸売市場において出荷者から委託を受けて卸売の業務として行われる生鮮食料品等の販売

- 農業協同組合、漁業協同組合又は森林組合等が生産者（組合員等）から委託を受けて行う農林水産物の販売（無条件委託方式かつ共同計算方式によるものに限る）

　なお、3万円未満の公共交通機関による旅客の運送など一定の場合には、帳簿のみの保存で仕入税額控除が認められます。(新消法30⑦、新消令49①)

　ただし、課税仕入れに係る支払対価の額の合計額が3万円未満である場

合に帳簿の保存のみで仕入税額控除が認められる現行の措置については、廃止されます。

2 請求書等の保存

(1) 提供された適格請求書に係る電磁的記録の書面による保存

適格請求書に係る電磁的記録による提供を受けた場合であっても、電磁的記録を整然とした形式及び明瞭な状態で出力した書面を保存することで、請求書等の保存要件を満たすこととなります。（新消規15の5②）

この場合において、提供を受けた電磁的記録を、電帳規第8条第1項に規定する要件に準ずる要件にしたがって保存する必要はありません。

したがって、提供を受けた請求書データを整然とした形式及び明瞭な状態で出力することにより作成した書面を保存することで、仕入税額控除における請求書等の保存要件を満たすことができます。

(2) 仕入明細書の相手方への確認

仕入税額控除の適用を受けるための請求書等に該当する仕入明細書等は、相手方の確認を受けたものに限られます。（インボイス通達4-6）

この相手方の確認を受ける方法としては、以下のようなものがあります。

イ　仕入明細書等の記載内容を、通信回線等を通じて相手方の端末機に出力し、確認の通信を受けた上で、自己の端末機から出力したもの

ロ　仕入明細書等に記載すべき事項に係る電磁的記録につきインターネットや電子メールなどを通じて課税仕入れの相手方へ提供し、相手方から確認の通知等を受けたもの

ハ　仕入明細書等の写しを相手方に交付し、又は仕入明細書等の記載内容に係る電磁的記録を相手方に提供した後、一定期間内に誤りのある

旨の連絡がない場合には記載内容のとおり確認があったものとする基本契約等を締結した場合におけるその一定期間を経たもの

(3)　仕入明細書等の記載事項

現行の請求書等保存方式においても、仕入側が作成した一定事項の記載のある仕入明細書等の書類で、相手方の確認を受けたものについては、仕入税額控除の要件として保存すべき請求書等に該当しますが、適格請求書等保存方式では、仕入税額控除の要件として保存すべき請求書等には、次の事項が記載されていることが必要です。（新消法 30 ⑨三、新消令 49 ④）

イ　仕入明細書の作成者の氏名又は名称

ロ　課税仕入れの相手方の氏名又は名称及び登録番号

ハ　課税仕入れを行った年月日

ニ　課税仕入れに係る資産又は役務の内容（課税仕入れが他の者から受けた軽減対象資産の譲渡等に係るものである場合には、資産の内容及び軽減対象資産の譲渡等に係るものである旨）

ホ　税率ごとに合計した課税仕入れに係る支払対価の額及び適用税率

ヘ　税率ごとに区分した消費税額等

（注）　上記の記載事項のうち、イの登録番号を記載しないで作成した仕入明細書は、平成31年10月1日から平成35年9月30日（適格請求書等保存方式の導入前）までの間における区分記載請求書等として取り扱われます。

【 仕入明細書の記載例 】

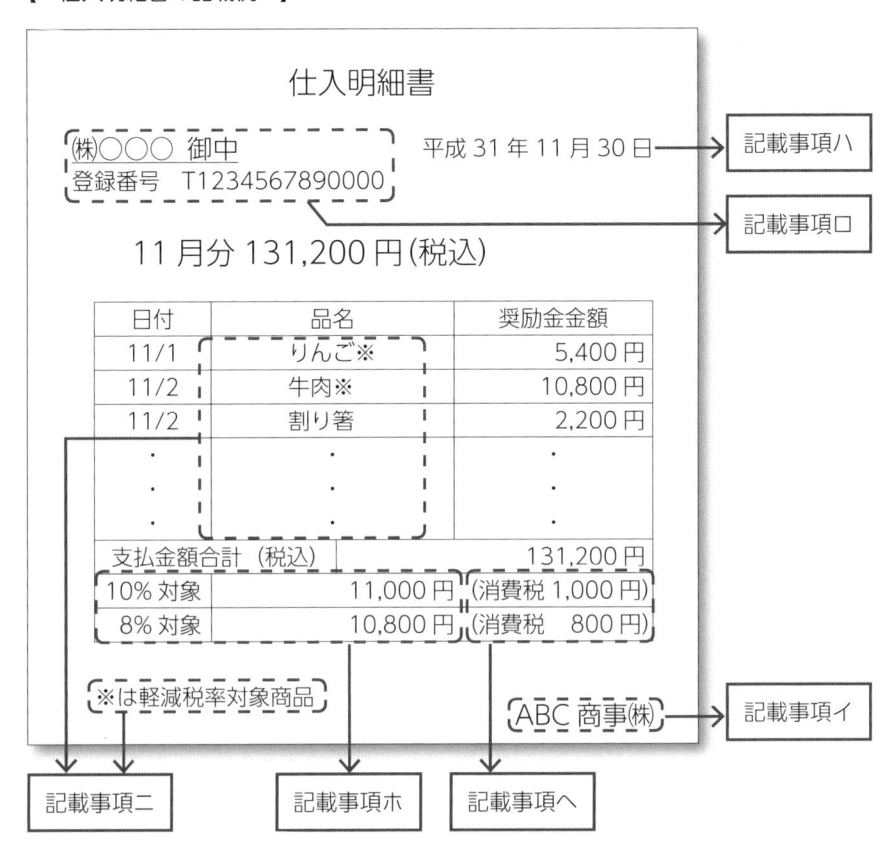

記載事項イ　仕入明細書の作成者の氏名又は名称
記載事項ロ　課税仕入れの相手方の氏名又は名称及び登録番号
記載事項ハ　課税仕入れを行った年月日
記載事項二　課税仕入れに係る資産又は役務の内容（軽減対象資産である場合には、
　　　　　　その旨）
記載事項ホ　税率ごとに合計した課税仕入れに係る支払対価の額及び適用税率
記載事項へ　税率ごとに区分した消費税額等

（4） 任意組合の構成員が保存しなければならない請求書等

　任意組合の共同事業として課税仕入れを行った場合に、幹事会社が課税仕入れの名義人となっている等の事由により各構成員の持分に応じた適格請求書の交付を受けることができない場合において、幹事会社が仕入先から交付を受けた適格請求書のコピーに各構成員の出資金等の割合に応じた課税仕入れに係る対価の額の配分内容を記載したものは、幹事会社以外の構成員における仕入税額控除のために保存が必要な請求書等に該当するものとして取り扱われますので、その保存をもって、仕入税額控除のための請求書等の保存要件を満たすこととなります。

　また、任意組合の構成員に交付する適格請求書のコピーが大量となる等の事情により、立替払を行った幹事会社が、コピーを交付することが困難なときは、幹事会社が仕入先から交付を受けた適格請求書を保存し、精算書を交付することにより、幹事会社が作成した（立替えを受けた構成員の負担額が記載されている）精算書の保存をもって、仕入税額控除を行うことができます。（インボイス通達 4-2）この場合、幹事会社は、精算書に記載されている仕入れ（経費）について、仕入税額控除が可能なものかどうかを明らかにし、また、適用税率ごとに区分するなど、各構成員が仕入税額控除を受けるにあたっての必要な事項を記載しておく必要があります。

　なお、仕入税額控除の要件として保存が必要な帳簿には、課税仕入れの相手方の氏名又は名称の記載が必要となりますし、適格請求書のコピーにより、その仕入れ（経費）が適格請求書発行事業者から受けたものか否かを確認できなくなるため、幹事会社と構成員の間で、課税仕入れの相手方の氏名又は名称及び登録番号を確認できるようにしておく必要があります。

　ただし、これらの事項について、別途、書面等で通知する場合のほか継続的な取引に係る契約書等で別途明らかにされている等の場合には、精算書において明らかにしていなくても差し支えありません。

(5) 立替金の取扱い

　他社が立替払をした場合、その他社宛に交付された適格請求書をそのま
ま受領したとしても、適格請求書の保存とはなりません。

　この場合において、立替払を行った会社から、立替金精算書等[※]の交
付を受ける等により経費の支払いを行った他社の課税仕入れがその事業者
のものであることが明らかにされている場合には、その適格請求書及び立
替金精算書等の書類の保存をもって、課税仕入れに係る請求書等の保存要
件を満たすこととなります。（インボイス通達4-2）

　なお、この場合、立替払を行う他社が適格請求書発行事業者以外の事業
者であっても、実際の取引先が適格請求書発行事業者であれば、仕入税額
控除を行うことができます。

[※]　立替えを受けた者に交付する適格請求書のコピーが大量となる等の事情により、立替払
　　を行った者が、コピーを交付することが困難なときは、立替払を行った者が交付を受けた
　　適格請求書を保存し、立替金精算書を交付することにより、立替払を行った者が作成した
　　（立替えを受けた者の負担額が記載されている）立替金精算書の保存をもって、仕入税額
　　控除を行うことができます。

(6) 口座振替・口座振込による家賃の支払

　通常、契約書に基づき代金決済が行われ、取引の都度、請求書や領収書
が交付されない取引であっても、仕入税額控除を受けるためには、原則と
して、適格請求書の保存が必要です。

　ただし、相手方から一定期間の賃借料についての適格請求書の交付を受
け、それを保存することによる対応も可能となります。

　また、適格請求書として必要な記載事項については、複数の書類で記載
事項を満たせば、それらの書類全体で適格請求書の記載事項を満たすこと
から、契約書に適格請求書として必要な記載事項の一部が記載されており、
実際に取引を行った事実を客観的に示す書類とともに保存しておけば、仕
入税額控除の要件を満たすこととなります。

したがって、適格請求書の記載事項の一部（例えば、課税資産の譲渡等の年月日以外の事項）が記載された契約書とともに通帳（課税資産の譲渡等の年月日の事実を示すもの）を併せて保存することにより、仕入税額控除の要件を満たすこととなります。

　口座振込により家賃を支払う場合も、適格請求書の記載事項の一部が記載された契約書とともに、銀行が発行した振込金受取書を保存することにより、適格請求書の保存があるものとして、仕入税額控除の要件を満たすこととなります。

　なお、このように取引の都度、請求書等が交付されない取引について、取引の中途で取引の相手方（貸主）が適格請求書発行事業者でなくなる場合も想定され、その旨の連絡がない場合には、借主が国税庁のホームページで相手方が適格請求書発行事業者か否かを確認することが必要となります。

（注）　平成35年9月30日以前からの契約について
　　　　適格請求書等保存方式が導入される平成35年9月30日以前からの契約について、契約書に登録番号等の適格請求書として必要な事項の記載が不足している場合には、別途、登録番号等の不足する記載事項の通知を受け、契約書とともに保存していれば差し支えありません。

③　帳簿の保存

（1）　適格請求書等保存方式における帳簿に記載事項

　適格請求書等保存方式において、保存すべき帳簿の記載事項は以下のとおりであり、区分記載請求書等保存方式における帳簿の記載事項と同様になります。

　なお、相手方の登録番号については、帳簿に記載する必要はありません。

　イ　課税仕入れの相手方の氏名又は名称[※1]

　ロ　課税仕入れを行った年月日

　ハ　課税仕入れに係る資産又は役務の内容[※2]（課税仕入れが他の者か

ら受けた軽減対象資産の譲渡等に係るものである場合には、資産の内
容及び軽減対象資産の譲渡等に係るものである旨）

ニ　課税仕入れに係る支払対価の額

（※1）　帳簿に記載する課税仕入れの相手方の氏名又は名称は、取引先コード等の記号・番
号等による表示で差し支えありません。

（※2）　課税仕入れに係る資産又は役務の内容については、商品コード等の記号・番号等に
よる表示で差し支えありませんが、この場合、軽減対象資産の譲渡等に係るものであ
るかの判別が明らかとなるものである必要があります。

【　現行制度からインボイス制度までの帳簿の記載事項　】

請求書等保存方式 （現行制度）	区分記載請求書等保存方式 （平成 31 年 10 月 1 日から 平成 35 年 9 月 30 日までの間）	適格請求書等保存方式 （平成 35 年 10 月 1 日から）
①　課税仕入れの相手方の氏名又は名称	①　課税仕入れの相手方の氏名又は名称	①　課税仕入れの相手方の氏名又は名称
②　課税仕入を行った年月日	②　課税仕入を行った年月日	②　課税仕入を行った年月日
③　課税仕入に係る資産または役務の内容	③　課税仕入に係る資産または役務の内容 （課税仕入れが他の者から受けた<u>軽減対象資産の譲渡等に係るものである旨</u>）	③　課税仕入に係る資産または役務の内容 （課税仕入れが他の者から受けた軽減対象資産の譲渡等に係るものである旨）
④　課税仕入に係る支払対価の額	④　課税仕入に係る支払対価の額	④　課税仕入に係る支払対価の額

（注）　1　区分記載請求書等保存方式の下では、これまで（軽減税率制度の実施前）の帳簿の
記載事項に下線部分が追加されました。
2　適格請求書等保存方式の下でも、区分記載請求書等保存方式の下での帳簿記載事項
と同様の記載事項です。

(2)　帳簿のみの保存で仕入税額控除が認められる場合

　3 万円未満の公共交通機関による旅客の運送などは、請求書等の保存が
不要となり、帳簿のみの保存で仕入税額控除を行うことができますが、こ
の場合の帳簿の記載事項は、通常必要な記載事項に加え、次の事項の記載

が必要となります。（新消法30⑦、新消令49①）

❶ 帳簿のみの保存で仕入税額控除が認められるいずれかの仕入れに該当する旨

【 具体例 】

- 3万円未満の鉄道料金
- 入場券等　など

❷ 仕入れの相手方の住所又は所在地

ただし、以下の者は、不要となります。（インボイス通達4-7）

- 適格請求書の交付義務が免除される3万円未満の公共交通機関による旅客の運送につきその運送を行った者
- 適格請求書の交付義務が免除される郵便役務の提供につきその郵便役務の提供を行った者
- 課税仕入れに該当する出張旅費等（出張旅費、宿泊費、日当及び通勤手当）を支払った場合の当該出張旅費等を受領した使用人等
- 古物営業法、質屋営業法又は宅地建物取引業法などにより、業務に関する帳簿等へ相手方の氏名及び住所を記載することとされているもの

（3） 出張旅費、宿泊費、日当等の取扱い

社員に支給する出張旅費、宿泊費、日当等のうち、その旅行に通常必要であると認められる部分の金額については、課税仕入れに係る支払対価の額に該当します。（基本通達11-2-1）

この金額については、一定の事項を記載した帳簿のみの保存で仕入税額控除が認められますが、帳簿のみの保存で仕入税額控除が認められる「その旅行に通常必要であると認められる部分」については、所得税基本通達9-3に基づき判定しますので、所得税が非課税となる範囲内で帳簿のみの

保存により仕入税額控除が認められることになります。（インボイス通達
4-9)

【　具体例　】

- 使用人等が勤務する場所を離れてその職務を遂行するために行う旅行
- 使用人等の転任に伴う転居のために行う旅行
- 退職者等のその就職又は退職に伴う転居のために行う旅行

(4)　通勤手当の取扱い

従業員等で通勤する者に支給する通勤手当のうち、通勤に通常必要と認められる部分の金額については、課税仕入れに係る支払対価の額に該当します。（基本通達 11-2-1)

この金額については、一定の事項を記載した帳簿のみの保存で仕入税額控除が認められます（インボイス通達 4-10）が、帳簿のみの保存で仕入税額控除が認められる「通勤者につき通常必要と認められる部分」については、通勤に通常必要と認められるものであればよく、所得税法施行令第20 条の 2 において規定される非課税とされる通勤手当の金額を超えているかどうかは問いません。

4　免税事業者からの仕入れに係る経過措置

適格請求書等保存方式において、適格請求書発行事業者以外の者（消費者、免税事業者又は登録を受けていない課税事業者）からの仕入れについては、適格請求書等の交付を受けることができないため、仕入税額控除を行うことができません。（新消法 30 ⑦）

ただし、適格請求書等保存方式の導入から一定期間は、適格請求書発行

事業者以外の者からの仕入れであっても、仕入税額相当額の一定割合を仕入税額とみなして控除できる経過措置が設けられています。(新消法附則52、53)

経過措置を適用できる期間等は、以下のとおりです。

期間	割合
平成 35 年 10 月 1 日から平成 38 年 9 月 30 日まで	仕入税額相当額の 80%
平成 38 年 10 月 1 日から平成 41 年 9 月 30 日まで	仕入税額相当額の 50%

なお、この経過措置の適用を受けるためには、次の事項が記載された帳簿及び請求書等の保存が要件となります。

(1) 帳簿

区分記載請求書等保存方式の記載事項に加え、例えば、「80% 控除対象」など、経過措置の適用を受ける課税仕入れである旨の記載が必要となります。

イ　課税仕入れの相手方の氏名又は名称

ロ　課税仕入れを行った年月日

ハ　課税仕入れに係る資産又は役務の内容(課税仕入れが他の者から受けた軽減対象資産の譲渡等に係るものである場合には、資産の内容及び軽減対象資産の譲渡等に係るものである旨)及び経過措置の適用を受ける課税仕入れである旨

ニ　課税仕入れに係る支払対価の額

(2) 請求書等

区分記載請求書等と同様の記載事項が必要となります。

イ　書類の作成者の氏名又は名称

ロ　課税資産の譲渡等を行った年月日

ハ　課税資産の譲渡等に係る資産又は役務の内容(課税資産の譲渡等が

軽減対象資産の譲渡等である場合には、資産の内容及び軽減対象資産の譲渡等である旨）

ニ　税率ごとに合計した課税資産の譲渡等の税込価額

ホ　書類の交付を受ける当該事業者の氏名又は名称

5 消費税の計算方法

　軽減税率制度の導入後は、消費税率が軽減税率と標準税率の複数となることから、売上げと仕入れを税率ごとに区分して税額計算を行う必要がありますが、売上税額から仕入税額を控除するといった消費税額の計算方法は、適格請求書等保存方式においても現行と変わりません。

　具体的な売上税額と仕入税額の計算方法は、次のとおりです。

(1) 売上税額の計算

❶ 原則（割戻し計算）

　税率ごとに区分した課税期間中の課税資産の譲渡等の税込価額の合計額に、108分の100又は110分の100を乗じて税率ごとの課税標準額を算出し、それぞれの税率（6.24% 又は 7.8%）を乗じて売上税額を算出します。（新消法45）

　イ　軽減税率の対象となる売上税額

　　　軽減税率の対象となる売上高（税込）$\times \dfrac{100}{108}$

　　　軽減税率の対象となる課税標準額 $\times$ 6.24%

　ロ　標準税率の対象となる売上税額

　　　標準税率の対象となる売上高（税込）$\times \dfrac{100}{110}$

　　　標準税率の対象となる課税標準額 $\times$ 7.8%

　ハ　売上税額の合計額

　　　イ ＋ ロ

❷ 特例（積上げ計算）

相手方に交付した適格請求書又は適格簡易請求書（適格請求書等）の写しを保存している場合（適格請求書等に係る電磁的記録を保存している場合を含む）には、これらの書類に記載した消費税額等の合計額に100分の78を乗じて算出した金額を売上税額とすることができます。（新消法45⑤、新消令62①）

> 売上税額の合計額
> ＝ 適格請求書等に記載した消費税額等の合計額 × $\dfrac{78}{100}$

なお、売上税額を積上げ計算した場合、仕入税額も積上げ計算しなければなりません。

また、適格簡易請求書の記載事項は、「適用税率又は税率ごとに区分した消費税額等」であるため、「適用税率」のみを記載して交付する場合には、税率ごとの消費税額等の記載がないため、積上げ計算を行うことはできません。

この売上税額の計算は、取引先ごとに割戻し計算と積上げ計算を分けて適用するなど、併用することも認められますが、併用した場合であっても売上税額の計算につき積上げ計算を適用した場合に該当することから、仕入税額の計算方法に割戻し計算を適用することはできません。

(2) 仕入税額の計算

❶ 原則（積上げ計算）

相手方から交付を受けた適格請求書等（提供を受けた電磁的記録を含む）に記載されている消費税額等のうち課税仕入れに係る部分の金額の合計額に100分の78を乗じて仕入税額を算出します。（請求書等積上げ方式）（新消法30①、新消令46①②）

また、これ以外の方法として、課税仕入れの都度、課税仕入れに係る支払対価の額に 110 分の 10（軽減税率の対象となる場合は 108 分の 8）を乗じて算出した金額（1 円未満の端数が生じたときは、端数を切捨て又は四捨五入する）を仮払消費税額等などとし、帳簿に記載している場合は、その金額の合計額に 100 分の 78 を乗じて算出する方法も認められます。（帳簿積上げ方式）

　なお、仕入税額の計算にあたり、請求書等積上げ方式と帳簿積上げ方式を併用することも認められますが、これらの方法と割戻し計算を併用することは認められません。

仕入税額の合計額
$$= \left(\begin{array}{l}\text{請求書等に記載された消費税額等のうち}\\\text{課税仕入れに係る部分の金額の合計額}\end{array}\right) \times \frac{78}{100}$$

❷ 特例（割戻し計算）

　税率ごとに区分した課税期間中の課税仕入れに係る支払対価の額の合計額に 108 分の 6.24 又は 110 分の 7.8 を乗じて算出した金額を仕入税額とすることができます。（新消令 46 ③）

　なお、割戻し計算により仕入税額を計算できるのは、売上税額を割戻し計算している場合に限られます。

　イ　軽減税率の対象となる仕入税額

　　　軽減税率の対象となる仕入高（税込）$\times \dfrac{6.24}{108}$

　ロ　標準税率の対象となる売上税額

　　　標準税率の対象となる仕入高（税込）$\times \dfrac{7.8}{110}$

　ハ　仕入税額の合計額

　　　イ　＋　ロ

【 売上税額と仕入税額の計算方法 】

売上税額	仕入税額
【割戻し計算】（原則） 売上税額は、税率の異なるごとに区分した課税標準である金額の合計額にそれぞれ税率を乗じて計算する。 （注）　この方法を採用する場合、仕入税額は積上げ計算（原則）又は割戻し計算（特例）のいずれかを選択することができる。	【積上げ計算】（原則） 仕入税額は、原則として適格請求書等に記載された消費税額等を積み上げて計算する。
	【割戻し計算】（特例） 課税期間中に国内において行った課税仕入れに係る支払対価の額を税率の異なるごとに区分した金額の合計額にそれぞれの税率に基づき割り戻し、仕入税額を計算することもできる。
【積上げ計算】（特例） 相手方に交付した適格請求書等の写しを保存している場合（適格請求書に係る電磁的記録を保存している場合を含む）には、これらの書類に記載した消費税額等を積み上げて売上税額を計算することができる。	【積上げ計算】（原則） 仕入税額は、原則として適格請求書等に記載された消費税額等を積み上げて計算する。 （注）　売上税額の計算において「積上げ計算」を選択した場合、仕入税額の計算では「割戻し計算」を適用することはできない。

⑥ 適格請求書等に記載された消費税額による仕入税額の積上げ計算

　適格請求書又は適格簡易請求書に記載された消費税額等を基礎として、仕入税額を積み上げて計算する場合には、次の区分に応じた金額を基として仕入税額を計算することとなります。

　イ　交付を受けた適格請求書（電磁的記録により提供されたものも含む）に記載された消費税額等のうち課税仕入れに係る部分の金額

　ロ　交付を受けた適格簡易請求書（電磁的記録により提供されたものも含む）に記載された消費税額等のうち課税仕入れに係る部分の金額（適格簡易請求書に適用税率のみの記載があり、消費税額等が記載されていない場合は、適格請求書に消費税額等を記載する際の計算方法と同

様の方法により計算した金額のうち課税仕入れに係る部分の金額）

（注）　適格簡易請求書に記載された金額が、税込金額の場合は、その金額に 110 分の 10（軽減税率の対象となる場合は 108 分の 8）を乗じて消費税額等を算出し、また、税抜金額の場合は、その金額に 100 分の 10（軽減税率の対象となる場合は 100 分の 8）を乗じて消費税額等を算出し、その金額を基礎として、仕入税額の積上げ計算を行います。

ハ　作成した仕入明細書（電磁的記録により作成したものも含む）に記載された消費税額等のうち課税仕入れに係る部分の金額

ニ　卸売市場において、委託を受けて卸売の業務として行われる生鮮食料品等の譲渡及び農業協同組合等が委託を受けて行う農林水産物の譲渡について、受託者から交付を受けた書類（電磁的記録により提供されたものも含む）に記載された消費税額等のうち課税仕入れに係る部分の金額

ホ　公共交通機関の特例など、帳簿のみの保存で仕入税額控除が認められるものについては、課税仕入れに係る支払対価の額に 110 分の 10（軽減税率の対象となる場合は 108 分の 8）を乗じて算出した金額（1 円未満の端数が生じたときは、端数を切捨て又は四捨五入する）

◘著者紹介

島添 浩（しまぞえ・ひろし）
税理士・ファイナンシャルプランナー（CFP）。中央大学商学部会計学科卒業。
2000年に島添税務会計事務所を開設した後、2006年にアースタックス税理士法人を設立し、代表社員に就任する。現在、税務顧問業や経営コンサルティング業のほか、各種研修機関の実務セミナー講師や専門学校(TAC)にて税理士講座・FP講座での税法構師も務める。

飲食料品取扱関連事業者のための
消費税軽減税率取扱いの実務

2018年11月6日　発行

著　者　　島添　浩 Ⓒ

発行者　　小泉 定裕

発行所　　株式会社 清文社

東京都千代田区内神田1-6-6（MIFビル）
〒101-0047　電話03(6273)7946　FAX03(3518)0299
大阪市北区天神橋2丁目北2-6（大和南森町ビル）
〒530-0041　電話06(6135)4050　FAX06(6135)4059
URL http://www.skattsei.co.jp/

印刷：大村印刷㈱

ISBN978-4-433-61758-5